佐藤綾子

「察しのいい人」と言われる人は、みんな「傾聴力」をもっている

講談社+α《プラスアルファ》新書

序章　見えない真実を聞き取る力、確かに訊く力

この本で摑める三つの傾聴力

人とのさりげない会話の中でも、ビジネスシーンのプレゼンテーションでも、相手の話をよく聞いて、言葉の裏に隠された本当の気持ちまでを深く正確に聞き取れる人、そして問題を解決するためにきちんと訊《き》ける人。そういう人は人間関係でも仕事でも成功します。

本著でお伝えする「傾聴力《けいちょうりょく》」は、これまで日本で数多く論じられてきた「聞く力」とはまったく違う次元に属するものです。ここでお伝えする「傾聴力」は次の三点です。

まず第一に、相手の「感情」をきちんと受けとめて言葉の裏の真意を聞きとる「徹底した感情移入の力」。

第二は、自分の感情に振り回されずに、自己コントロールしながら相手に無条件の関心を向ける「感情コントロールの力」。

そして第三は、相手の話の中から必要なことを聞きわけて、問題を解決していくための「質問力」。すなわち「聞きわけて訊く力」です。

この三つの力を持った人だけが、相手との会話を実り多いものにすることができます。「話す力」も、相手が何を聞きたいのかを的確に摑《つか》んだ人だけに許される力です。本著はそのための技術を具体的にお伝えしていくものです。

成功者が示す「聞く力」

相手の「聞く力」を読み間違えて大失敗した実例をひとつご紹介します。

恥ずかしいことに、失敗して青くなったのは、この私です。

相手は「瞬間湯沸かし器」のあだ名があった、当時アサヒビール株式会社社長の樋口廣太郎《ひぐちひろたろう》氏です。グローバル化社会の本格化に向けて日本人の自己表現能力養成は急務であり、そのために日本初の産学協同体制の「国際パフォーマンス学会」を発足させたいから会長になってほしいとお願いに行ったときのことです。

十分ほど熱弁をふるっても、「フムー」くらいでお返事がないので、焦《あせ》って何度か同じことを繰り返していたら、突然、樋口さんが大きな声で言いました。

「優《すぐ》れた人間に同じことを二度言うな。全部ちゃんと聞こえてる!!」

私はびっくりして息が止まりそうになりました。

そして次の瞬間に、「一年限りの条件つきだが、会長は引き受ける」と樋口さんはおっしゃったのです。

口頃人間のコミュニケーションの仕組みがすべてわかったような顔をして、「パフォーマンス心理学」の名称のもとで新しい自己表現教育の仕事をしていたつもりだった私は、大きな間違いを犯していたことを瞬間的に思い知りました。

おそらく樋口さんは、まだ海のものとも山のものともわからない「パフォーマンス学」の詳細を理解したのではないのでしょう。ただ、きっと目の前で必死になって自説を述べる私の熱烈な思い、「感情」を摑みとり、その感情を理解してくださったゆえに、主張の内容に何がしかの正当性や必要性を認めていただいたに違いありません。

人の「聞く力」は、その人の仕事や人生の経験によって実にさまざまで、「十を聞いて一もわからない人」もいれば、「一を聞いて十を知る」人もいます。

「一を聞いて十を知る」ためには、その人の豊富な経験はもちろんですが、相手の話の内容への好奇心や、相手の気持ちへの「感情移入」の力があることが条件です。

そして、この条件を満たしている人だけが、現実に「成功者」になっているのです。

私は樋口さんが話の途中で「おやっ？」というような表情を浮かべてこちらを見つめ直したことにいち早く気づくべきでした。「話に多少の興味を持った」「パフォーマンス学という新しい学問に興味を持った」「君の熱意はよくわかった」。そういう無言のメッセージにもっと早く気づくべきでした。

おそらく彼の心の中では、私の気持ちへの「感情移入」が始まっていて、私が注意深く見ていれば、それは顔に表れていたことを察知《さっち》できていたはずだからです。

それなのに……。

叱られるまで相手の気持ちの変化に気づかないとは、何という失敗をしたことでしょうか。

実は、このときの鮮烈なショックが後になって私が「人間関係づくりの非言語的パフォーマンス」で、心理学領域での博士論文を書くきっかけにもなったのです。

相手の話を、どこまで相手の気持ちになって聞けるか、そしてその感情移入の作業にもっとも必要なことが、言葉以外のメッセージを読み取って聞く「非言語的パフォーマンス」の分野なのです。

一九九二年、今から二十年も前のことでした。

以後、この会は「社団法人パフォーマンス教育協会」になり、この仕事の中で私は、大変親しいおつきあいのあったアシックス創業者の鬼塚《おにつか》喜八郎《きはちろう》社長（当時）をはじめ、数えきれないほど多くの優れた経営者の「傾聴力」を目の当《ま》たり《あ》にしてきたのです。

彼らは皆、徹底的に相手の感情の裏まで見抜いて聞く「感情移入力」の達人であり、本著第二のポイントの自分の感情に振り回されずに「感情コントロールして聞く力」の達人であり、そして第三のポイントの、必要なことを聞きわけて問題解決のための鋭い質問を投げかける「訊く力」の達人でもありました。

成功者が示す「訊く力」

「訊く力」については最近でも、アフラック（アメリカンファミリー生命保険会社）の創業者、大竹美喜《おおたけよしき》会長（社団法人パフォーマンス教育協会理事）に呼ばれて同社の講演会に行った際に、会場の素晴らしい社員たちの誰よりも的確な質問を次々とされたのが、他ならぬ大竹さんだったことに驚かされたばかりです。曰《いわ》く、

「先生、パフォーマンス学で新規クライアントの心を摑むときの最大の聞き方のヒントは何ですか」

「若い社員が燃えるようなやる気を維持するために、上司はどんな助言が必要ですか」

矢継ぎ早の質問は、私のような年下の講師の話であっても真正面から聞き、疑問について

はその場で具体的に「訊いて」解決していくという「Keep going, listening and asking（聞いて、訊いて、止まるな）」の典型でした。本著で私が最もお伝えしたい第三のポイントの模範例です。

さらに、ビジネスマンではありませんが、昨年、百一歳になられた聖路加《ろか》国際病院理事長で医師の日野原重明《ひのはらしげあき》先生に至っては、傾聴力の第三のポイント「聞きわけて訊く力」の達人として他に類を見ないでしょう。

だからこそ百一歳の今日まで、医療はもちろん文化全般においてもあれだけの大きな仕事を続けてこられているのです。

先生との出会いは、「医師が患者の気持ちを『聞き取り』、患者の気持ちに添って『話す力』を『メディカルパフォーマンス学』として日本に導入しませんか」と最初に相談に伺った一九八九年、四半世紀前でした。

その時、先生は、

「佐藤さん、あなたの主張は、一に、医師が患者の感情を言葉で聞き、目で表情などを読み取って、その感情を補完すること。二に、それに基づいて伝え方を組み立てること。三に、その訓練が必要だ、ということですね？」

と、さっと私の話を整理して三点に要約して、ダメ押しの質問をされました。「傾聴力」第三の「聞きわけて訊く力」のお手本です。

これが日本の「医療パフォーマンス学」がスタートした日となりました。

この日の会話が起点となり、現在、メディカルパフォーマンス学の考え方は多くの病院に導入され、「医学教育学」の一環として大事な研究分野になっています。

「人間嘘発見器」と呼ばれる理由

結局「傾聴力」こそが、人と人をつなぐ人間の相互作用の基本であり、仕事をする力、人生を切り開く力の基本であり、「相手の心をしっかりととらえて話す力」の根幹《こんかん》なのです。

そんな基本的な作業が、神聖なほど素晴らしく感じられるのは、現代社会にそれが欠けているからでしょう。だからこそこの力を持つことのメリットに気づく人が増えてきているのです。

私はこれまで、「パフォーマンス心理学」というまだ新しい分野を、日本では初めて開始し、研究や研修、教育を続けて三十二年になります。殊《こと》に、言葉以外の「非言語表現」の分野においては、テレビなどで「人間嘘発見器」などというあだ名がつくほどのたくさんの実験データと研修セミナーの実績を積み重ねています。

スピーチやプレゼン、日常のあいさつや会話の中のすべての「意図された自己表現」が、この研究対象です。この長い研究の中で「傾聴力」がトレーニングで向上することも、多くのデータによって実証済みです。

本著での「傾聴力」はこうしたデータに基づいて、単に耳から入る言葉だけでなく、言葉以外の総称「非言語表現」の活用にも充分な配慮を払っています。

「**Keep going, listening and asking（聞いて、訊いて、止まるな）**」

「傾聴力」の三つの力をつけたあなたの目の前には、今後ますます大きな仕事の成功、良い人間関係、そして夢の実現が広がることでしょう。

本著がそのための少しのお手伝いになることを心から願っています。

◉目次

第二章　「感情」を聞く力がビジネスと人間関係をリードする

第三章　「感情コントロール」して聞く力がある人は成功する

第五章　仕事も人間関係も豊かにする、生産的に話す技術

第一章　なぜ日本人には傾聴力が必要なのか？

「私たち欧米人の思考が『脳思考（cerebral thinking）』であるのに対して、日本人の思考は『腹思考（visceral thinking）』なのです」

（ライシャワー）

本心を語らない日本人

課長「今度の会社の忘年会に、一人、九五〇〇円でA店を予約したいのですが、部長はいかがですか？」

部長「それはいいね。A店なら九五〇〇円は、まったくリーズナブルだ。僕も行きつけの店だしね。しかし君、高いと言う人もいるんじゃないかな」

さて、これを聞いたあなたは、部長の言葉をどう受け取りますか？

もしもあなたが、部長がA店にはこれまで一度しか行ったことがないということを知っていたら、返事の背後にある強烈な面子《メンツ》やプライドに気づくことでしょう。そして彼の言葉をこう置き換えて聞くことが賢明だと気づくはずです。

「君、A店じゃ高すぎだよ。僕は十二月中に五回も忘年会をこなさなくてはいけないんだ。困るよ」

もちろん面子や自尊心、プライドを重んじることを何よりも優先する人は、持っていないものを持っていると答えたり、本心では断りたいことでも自分の面子のために「それは素晴らしい。賛成するよ」とポーカーフェースで言うこともあります。したがって彼らの発言の中から、どこまでが本当でどこまでが張り子の虎なのか、そこを聞き分ける能力があなたに求められることになるのです。

冒頭で紹介したライシャワー元駐日大使は大変な親日家で、ハル夫人も日本人でした。日本人が大好きで、日本人のことをよく理解していたライシャワー氏の言葉ですから、彼の言葉には信憑性《しんぴょうせい》があります。

その彼が、欧米人が「cerebral thinking（脳思考）」であるのに対し、日本人は「visceral thinking（腹《はら》思考）」だというのですから、これは大変な問題です。

何かを考えるとなれば頭を使うのが当たり前、なのに日本人は腹で考えるとは、さてどういうことか？　ライシャワー氏はその続きでこのようにも言うのです。「腹の中でいろいろ考えているため、議論をしてもなかなか意見がまとまらず、同じところをぐるぐるとぐろを巻いて堂々巡《どうどうめぐ》りしている」と。

これを聞いて、「まさか」と思うよりも、「たしかにそうだ」と頷《うなず》く人のほうが多いに違いありません。その証拠に私たちの日常の言い方の中に、頭脳ではなく、まるで内臓で考えているような言い方がたくさんあるのです。

たとえば昨今、若者たちがよく言う「ムカつく」とか「キレる」という言葉にしても、脂っぽいものを食べて胃がむかつくとか、堪忍袋《かんにんぶくろ》の緒《お》が切れるというような具合で、なんとなく内臓めいた言葉です。

もっと正統な日本の伝統的な言い方でこれを検証してみましょう。

まず第一に、少々性格が悪かったり悪徳的な考えをする人に対して、「腹黒い」と言います。第二に、腹黒い人は何か「腹に一物《いちもつ》」ため込むわけです。したがって、そんな人と接するために私たちは、第三に「腹を読む」必要が出てきます。でも、そうやって片方が腹を読めば、その相手もまた腹を読む必要が出てきて、これによって第四に「腹の探《さぐ》り合い」となるわけです。そうして、相手の考えていることがわからないままで怒りがこみ上げてくると、第五に「腹が立った」と言いますし、第六にその怒りは沸点に達して「はらわたが煮え繰り返る」となります。

もちろん実際に私たちが立つのは足によってであり、煮え繰り返るのは鍋などですから、はらわたが煮え繰り返るなどということはありえないことなのです。しかし、どうやら私たち日本人が腹の中にいろいろな思いをため込んで、それをきちんと明言しない傾向があることは確かなようです。

「高コンテキスト文化」の日本

この「明言しない文化」の特性について、人類学者のE・T・ホールがわかりやすく解説しています。一九五九年の『The Silent Language（沈黙のことば）』という著書で彼は、「高コンテキスト文化（high context culture）」というコンセプトを日本文化の特徴としてとらえました。

「コンテキスト」は「状況」です。人々がはっきりとその考えや感情を明言しなくとも、その人の置かれている状況、つまりコンテキストがすべての情報を物語っている、そういう高コンテキストの文化を持った国が日本だと言ったのです。

日本は集団主義文化の国ですから、個人の主張を聞くよりも、その場が持つ内容や雰囲気、最近で言う「空気を読む」ということが大切だというわけです。その中で言いたいことを明示するよりも、むしろやんわりと、「そういえばそうかもしれません」などと言っているほうが人間関係がうまくいくと。

もちろん欧米ではこれは通りませんから、「一つよろしく」などと言う代わりに、何をどのようにするかを一つずつ明言し、ときには書面にする低コンテキスト文化なのです。

現に昨年も、民主党の野田佳彦《のだよしひこ》首相（当時）が「近いうちに解散」と発言して、「近いうち」という言葉が非常に暗示的であったために大問題になり、結局これをきっかけに政権を失ったのは周知の通りです。念書や契約書がないために、言った言わないで面倒なことになるのが暗示文化の難しさなのです。

ところで私の経験では、ホールによって高コンテキスト文化の代表国と指摘された日本と中国のうち、中国は最近、暗示文化を抜け出して、自己主張する低コンテキスト文化の代表的な国になっているという実感があります。

たとえば十年前のことです。

国際コミュニケーション学会を中国で開催した際、私はその中の一グループの座長で責任者を務めました。そのときに中国人の教授五人ほどを含めたおよそ十五人のグループの参加者の発表順を決めなければならなかったのです。日本人の教授たちはとくに順番の指定を申し出てきませんでした。しかし、中国の教授は、

「絶対に自分がトップバッターでなければならない」

などと次々に主張してきました。加えて参加費についても「この会費は中国の教授たちにとっては高過ぎるのではないか」と、一悶着《ひともんちゃく》あったのです。

議論すればするほど声は大きくなり、話はどんどんこんがらがり、結局、中国の先生方の発表順については聞き入れ、会費については本部に任せたのでした。日本がまだまだ暗示文化で、「これはこれ、それはそれ、一つよろしく」などと言っているあいだに、中国の皆さんはさっさと自己主張型の明示文化に切り替わったのではないかと実感した出来事でした。

一方、日本人の場合は、まだまだ暗示文化を抜け出していません。だから相手の言葉の裏を読む必要があるわけです。その言葉を話す時の相手の表情をよく観察して、状況を読み取ること。言葉では語られない文脈まで聞き取る注意深さが必要です。

日本の政治家がよく使う言葉で、「そのことについては状況に鑑《かんが》みて再考いたします」があります。しかし、「状況に鑑みる」ためには、パフォーマンス学の知識が必要です。相手の感情を読み取って読み取って、腹の底まで全部読み取ってやろうじゃないか！　これが本著の狙いです。大いにファイトが湧《わ》いてくるではありませんか！

面子、自尊心、プライド

もしも上司の言うことが間違っていた場合、部下はそれを指摘したいと思っても、はたして口にするでしょうか？　おそらくは「しない」でしょう。その理由を問われれば、きっとこう答えるでしょう。

「目下《めした》の私がそんな指摘をしたら、きっと上司の『面子』をつぶしてしまうでしょうから」

「面子」と似た言葉に「自尊心」と「プライド」がありますが、実は微妙に「面子」と「自尊心」および「プライド」には違いがあります。

まず、第一の「面子」は中国渡来の面子文化から来ています。これを英語にしたときはprideにはならず「face（顔）」になります。そして、面子を失うことは「lose face」あるいは「lose one's prestige」という言い方で表現します。「prestige」は、名声や威信《いしん》です。つまり、面子を失うとは顔を失うことであり、名声やその人の威信を失うことです。中国から発生し、日本でも広がった単語です。

第二の「自尊心」は、私の専門のパフォーマンス心理学で「自尊欲求《じそんよっきゅう》」と呼ばれるものです。自分を大切だと思う気持ち、尊重されるべき人間だと思う気持ちで、英語の「プライド」とほぼ同じです。

自尊心やプライドも高過ぎると「お高くとまっている」などと言われて弊害《へいがい》がありますが、人間には大切な感情です。ただ、本著のテーマの「傾聴力」に関しては、この「面子」も、大きすぎる「自尊心」や「プライド」も、まったくやっかいな問題なのです。

面子を保ちたいと思い、自尊心やプライドが高すぎる人は、往々《おうおう》にして本当のことをしゃべらないからです。中には心の中とまったく違うことを口にする場合もあります。たとえば「ご存知のように」と言われて、「いや、それは存じません」などと途中で遮《さえぎ》ることができないのもこの人たちです。

したがって、部下から上司に何かを提案するときに、「部長もご存知のように、あの国の石油の値段については」などと、「ご存知のように」をあまり繰り返すのは避けたほうが賢明です。彼らは面子や自尊心、プライドのために、「いや、それは知らん」と、あなたを遮ることができないのですから。

なぜ討論よりも「ケンカ」になるか

章の初めで紹介したライシャワー氏も、日本人がディスカッションが苦手で、いざディスカッションしようと思うとケンカになって仲違《なかたが》いするのがこわいので、お互いに言いたいことを言わずに我慢していると言っています。長く日本に駐在されただけに、日本人の本当の姿をよくわかった指摘です。

だからこそ、目の前の相手と自分はどうやら意見が違うらしいとピンと来たら、相手の顔を見ながら、隠された言葉まで聞き耳を立てる習慣をつけましょう。

西洋ではソクラテス以来、対話術が長く教育や訓練の対象になってきました。ヘーゲルの正反合の弁証法《べんしょうほう》などはとくに有名で、客観的な論拠を挙げ、それに対して反論し、合理的に両者をアウフヘーベン（aufheben 止揚《しよう》）したところで結論を出すという西洋風のディスカッションの伝統を築きました。

私たち日本人はこうしたディスカッションのスタイルを学んできませんでした。したがって、誰かが何かを言って、それが自分の意見と反対の場合、「あんなことを言う人はおかしい」とか、「そんな考えを発表する人は非常識だ」という具合に、発言しているヒトと発言されているコトを混同してしまうのです。これが私たちの討論がケンカになってしまう第一の理由です。

そしていったん「そんなことを言う人はおかしい」と、相手に対して反感や苦手な感情を持つと、もうその人の言うことを聞く意欲を失ってしまいます。

心理学では、嫌い、なじまない、うたがわしい、悲しいなどのネガティブな気持ちを「否定的感情」と総括します。否定的感情には、ざっと見て次のような四つの大きな特徴があります。

（1）人は、「楽しい、明るい」などというポジティブな感情よりも、「大変だ、つらい、悲しい、バカにされた」などという否定的感情を持ちやすいものである。

（2）人は心が否定的感情でいっぱいであるとき、相手の言うことは耳に入らない。

（3）人は否定的感情を誰かに聞いてほしい。

（4）否定的感情を複数の人々が持つ集団では、ケンカや対立が発生しやすい。

こう考えると、目の前の人をいったん嫌いと思ってしまえば、もうその時点で相手の言う内容はいっさい耳に入らず、ましてそんな人が複数いれば、討論どころかケンカになってしまい、何もよい結論が出ないということになります。

聞く、訊く、話すの理想的ステップ

残念ながら弁証法的な論理的ディスカッションの習慣が育ってこなかったのが、日本人の特徴の一つでもあります。ライシャワー氏に「腹思考」と言われたのも当然でしょう。

まず、私たちは人が何か言うときに、その人が言っていることとその人の人格を分けて聞き分ける習慣が必要です。そして、その人の主張の中に何らかの正当性があるか、主張の中に何らかの自分へのメリットがあるかどうかを科学的に聞く聞き方が必要なのです。これについては私の『プレゼンに勝つ！「魅せ方」の技術』（ダイヤモンド社）より九つの論理的思考のステップをご紹介しましょう。

論理的な聞き方、聞いて訊く、そして話すの九つのステップ

（1）問題の定義を確認する。
（2）問題の理由の分析から課題に結びつける、因果《いんが》関係の方程式作りをする。
（3）現状を変更する必要性を認識する（ただし、決して相手のしてきたことを否定しないこと）。
（4）解決策の提示をする。
（5）提示した案が優れていることの説得をする。
（6）上記を支持する材料（supporting material）を提示する（過去の実績、先行評価など）。
（7）相手との情動のダンスをする。
（8）相手がこの提案（point of suggestion）を無視した場合の危険性、またはデメリットの明示をする。
（9）Win-Winの結果に向けて行動を開始する。

この九つのステップの中で本著で最も注意したいところが、七番目の「相手との情動のダンス」です。言葉を聞くよりも、言葉の裏にある相手の感情が悲しみなのか喜びなのか、その感情を第一番に聞き分けることが必要なのです。その上で相手の感情と自分の感情を合わせて、その感情を言葉や顔の表情で返していきましょう。たとえば「昨日、上司にこっぴどく叱られた」と相手が言うのを聞いたら、同じように悲しい顔をして、

「つらかったね」

と返してあげましょう。これが「情動のダンス」です。

こうした議論のしかたを今まで残念ながら私たち日本人は身につけてきませんでした。相手がどんな感情で何を言いたがっているのか、そこを聞き取ることで不毛なケンカを避けることができるのです。

肩書信仰と固定観念の害

誰でも初対面の人に会うと、この人は一体どんな人なのか、この人の正体は何なのかと気になります。その相手とは今後何の関係も作らないのならばともかく、クライアントになっていただこうとか、上司と部下の関係になるとか、仕事仲間になるというようなある一定の人間関係が予測される場合、それが顕著《けんちょ》です。気になって当たり前なのです。

心理学的には、このとき、私たちの心に働く欲求が二つあります。一つは、目の前の人が

何者なのかという「不確実性解消の欲求」。そして次に、相手が○○会社の××部長などとわかった段階で、いい人なのか悪い人なのか、明るい人か暗い人かなどという、さまざまな心情的な問題が気になってきます。これが「不安の解消の欲求」です。そして、この二つの欲求があるために、私たちは相手の言葉を聞き、様子を見て、「はて、海のものか山のものか」と判断しようとするわけです。

つまり、人との出会いはいつだって未知との遭遇。そこで私たちは、つい「名刺」に頼ります。どこの何者なのかが書いてあるからです。しかし、肩書だけでは昨今の言葉で言えば「想定外の人物」の場合もあるのです。

ところが、日本人は殊《こと》に欧米よりも、初対面の相手の言葉を真っ白な心で聞き、相手の人間性ややっている仕事だけを見つめてしまい、相手の価値を判断していくことが苦手です。

その理由は二つあります。一つは肩書信仰。つまり、

「名刺に部長と書いてあるから、確かなことを言っているのだろう」

というような思い込みです。もう一つは固定観念。これについては、

「まだ新人だから、彼の言うことはたいして内容のあることではないだろう」

というような思い込みを持って話を聞くことです。

肩書信仰も固定観念も、目の前にいる人の言葉を正確に聞く力の邪魔をするものです。これらはパフォーマンス心理学の中で、「カテゴライゼーション」と分類される心の動きです。つまり、目の前にいる人を何かのカテゴリー、範疇《はんちゅう》に分けて、その人を判断しようとする思考パターンです。日本ではこれが長い間、人を判断するための一つの目安になっていました。

中根千枝さんの有名な『タテ社会の人間関係』と『タテ社会の力学』の二冊の本を見てみましょう。

タテ社会とは年功序列の社会です。では、年功序列とは何か。一日でも一時間でも早くその場に来た人が偉いという考え方、先着順です。この世に先に生まれた人は偉く、その会社に先に入社した人はあとの人よりも偉い。したがって実力も年齢と共に上がり、当然、収入も年齢と共に上がっていくというものです。

長いあいだ、日本の会社社会はこんな形式を守ってきました。これが日本人のメンタリティを形成する大きな要素だったのです。

ところが、実際に今の社会がそうなっているでしょうか。ハーバード大学を中退して、あっという間にアメリカの長者番付トップに躍り出たビル・ゲイツをはじめ、日本でも最近ネットを駆使しての「ジョブセンス」と「リブセンス」を作った二十代の村上太一《むらかみたいち》社長。ネット社会の発達と共に、年功序列どころか、若い経営者のほうが昔からの経営者よりもはるかに大きな収入を手にし、また、部下よりも経営者のほうが大幅な年少者だという現象がいくらでも起きています。

そうなると、年功序列式の「年配者だから偉いだろう」という大原則も通らなくなってくるのです。

固定観念と肩書信仰は今、私たちが目の前にいる人の言葉を虚心坦懐《きょしんたんかい》に聞き、正確に判断するときの妨《さまた》げになるわけです。固定観念で肩書の偉さを見て、「この人の言うことだから本当だろう」と最初から思って聞けば、つい騙《だま》されます。

一方、低い地位の肩書を信じてしまって、「この人はたいしたことを言ってないだろう」と思って聞いていると、重要なアイディアを聞きそびれてしまったりします。目の前の人からちゃんとした情報を聞き取ろうとするときには、肩書信仰と固定観念はまさに邪魔物以外の何物でもないでしょう。

質問を非難ととる思い込みの習慣

会社でお互いの気心が知れていれば、わからない意見があった場合は、ざっくばらんに質問ができます。ところが、まだあまり親しくない間柄だったり、フォーマルな場面だったりすると、せっかく相手が十分に考えて発表した意見やプレゼンなのに、質問を挟むことが難しくなる。その質問によって相手が気を悪くしたら困るという遠慮が働くからです。

質問をしにくいもう一つの理由は、前の項でも書いた私たちの面子の問題です。とくに寄付を頼まれたり高い買い物をしたときに、誰でもその金額が頭の中では非常に気になるところですが、「おいくらですか」とはなかなか言えません。「寄付の最低金額はおいくらですか」などと訊くのは、なんだかケチくさいと思われそうで憚《はばか》られるのです。

ところで国際会議でも質疑応答になると急に沈黙を決め込む日本人が多いのは、このように日頃から相手の面子を慮《おもんぱか》ったり、自分の体面を大事にしたりするためだけでしょうか？

いいえ、それだけではないでしょう。

実は、日本人ゆえのもっと独特な「思い込み」の習慣が、私たちの質問力を鈍《にぶ》らせているのではないかと気づかされる場面がよくあります。それは、

「先日の彼の提案は素晴らしいものだった。何しろ質問一つ出ず、満場一致で可決された」

というような言い方を思い浮かべると、すぐにわかるはずです。

自分の意見や提案が完璧で賞賛されるべきものだったことの証《あかし》として、「一つの質問や異議もなかったこと」を挙げる人はたくさんいます。「非の打ち所がない」という考え方があるように。その背後には、質問や異なった意見が出されることを、自説への非難だと捉える思い込みが見てとれます。

だからでしょう。厳しい質問が出されると、

「今日の僕の意見にケチがつけられてね」

と愚痴《ぐち》ったり、

「文句が出ましたよ」

と嘆《なげ》くわけです。

質問はケチや文句とは違います。非難でもありません。しかし長年の集団主義文化の中で満場一致をよしとしてきた日本人の美意識が、自分に対する異説のすべてを非難と捉えがち

になっているのです。だから、

「明日のプレゼン、質問が出なければいいけど……」

などと言ったりもするわけです。質問の持つ生産性よりも、非難のイメージを強く持ってしまう傾向です。このような伝統もまた「訊く力」を鈍らせている原因です。

「満場一致の精神」の害

今でこそ欧米の多数決で物事を決める習慣は、日本の小学生でもやっています。ところが長年、日本人が殊に好んだのが満場一致という精神でした。

会社の昇格人事などではよく「満場一致で○○君の昇格を決定しました」などと言います。すると、なんだかその決定の格が上がったような感じがする。一方、多数決の精神にのっとり「三十九対三十八票で○○君の昇格が決定しました」と言えば、その決定を受けた人はあまりいい気分にはならないでしょう。

古くから私たち日本の文化には、「和」の精神が重んじられてきました。人と和すること、つまりあまり反対をせずに、とくに大きな違いがなければ、賛成と言っておくほうが無難で、その結果、何でも「満場一致」ということになる。『「NO」と言える日本人』という本を昔、石原慎太郎《いしはらしんたろう》氏（盛田昭夫《もりたあきお》氏との共著）が書かれたのも、そんな日本人への警告でした。

たとえば会社の会議などで、全体の雰囲気が賛成のほうに動き始めて、皆が満場一致の結果を求めているだろうと予測される場合があります。そんなときに、自分はちょっと質問したいと内心思っても、つい質問の挙手を憚《はばか》ります。それはみんなが賛成の方向に向かっているのに自分一人が質問すれば、なんだか全体からは、融通の利《き》かないやつ、協調性のないやつと思われて反感を買うに違いないと危惧《きぐ》するからです。

このように満場一致の精神が「訊く力」を鈍らせているのです。そしてひとたび「どうせ質問はできないだろう」と決めてしまうと、その油断が、

「一人ぐらいよそ見をしていても大丈夫だろう」

とか、

「居眠りをしていても大勢に影響はないだろう」

という開き直りにつながっていくのです。

今日の会議は大半が賛成で、自分一人が反対に回るかもしれない。しかしそのときにこそテンションを上げて耳をそばだて、一言一句聞き漏らすまいという気概《きがい》があれば、誰だって

「聞く力」の名手になれます。「どうせうちの社として全体で決めるのであれば、一人ぐらい聞いていなくても大丈夫だ。みんながやってくれるだろう」というのでは集中して聞く力は育ちません。

集団の中で、

「一人ぐらい大丈夫だろう。なにせ満場一致を望んでいるのだから、反対しても分が悪い」

こんな集団主義の思考が繰り返されるうちに、それがいつの間にか私たちの習慣になり、「習慣は第二の天性（Custom is the second nature)」になります。その結果、真剣に聞いたり、一人だけ人と違う質問をするという力を鈍らせてしまいます。

皮肉なことに満場一致の精神が幅を利かせば利かせるほど、私たち個人個人がテンションを上げて、ユニークな意見を聞いたり話したりするという能力は落ちていく結果になります。

非常に残念なことです。

全員が賛成で自分だけが反対であっても、それは言わねばならぬことである。そう思って聞き耳を立てる習慣を一人ひとりが持ちたいものです。

第二章　「感情」を聞く力がビジネスと人間関係をリードする

すべて見えるものは、見えないものにさわっている。
聞こえるものは、聞こえないものにさわっている。
感じられるものは、感じられないものにさわっている。
おそらく、考えられるものは、考えられないものにさわっているのだろう。

（ノヴァーリス）

本当の感情は言葉に出ない

前の章で、なぜ日本人には傾聴力《けいちょうりょく》が必要なのかという理由について、日本の集団主義文化などの文化的背景から、その仕組みを解明してきました。本章ではさらに分析を一歩進め、個々人が持っている人間の心の仕組みとその表現スタイルという、私の専門のパフォーマンス心理学の視点から、人間の本当の感情が言葉や表情に出にくいものであるということを明らかにしていきましょう。

人間の心理の根底には、本心を隠したいという欲求があります。そして、実際に本心を隠して社会で生きています。だから、そのような人間を表す「人」という言葉は「person（パースン）」であり、これは「仮面」を示す「persona（ペルソナ）」と語源を一にしています。もともと社長であるとか、係長であるとか、学校の先生、警察官などというように、何らかの仮面をつけて生きることが社会で生きる人間の宿命だという考え方です。だから、「人間」は、persona「仮面」をつけて社会に生息している動物なわけです。

そのことを哲学者たちはとうに気づいていました。殊《こと》にニーチェの次の言葉は衝撃的なものです。彼は、

「すべての深い者は仮面を愛する」

と書きました。「深い者」、つまりそれは思慮深い人です。自分とは何者なのかを深く考える人ほど、仮面をつけて人に接するというのです。

読者のあなたもきっと、「そのとおりだ」と思い当たることがあるでしょう。たとえば自分の知識があまりに少ないにもかかわらず、たくさんの知識人と談笑しなければいけないような場合、ほとんど聞いたことのない人名や政治経済の構造論が出てきた場面でも、途中では「いや、それはまったく知りません」とは言わず、わかったような顔をして相槌《あいづち》を打って

いませんか。これは自分の無知を隠さねばならないと思う羞恥心《しゅうちしん》のゆえです。

では、利口《りこう》すぎる人はどうでしょうか。

たとえば自分が教えている学生が「先生、こんな発明ができました」と駆け込んできたら、「それは知っていたよ」と即答する教師はほとんどいないでしょう。

「なんて素晴らしいことだろう」

とまずはビックリした顔をして、次の話を促すに違いありません。知識のある人はある人で、このようにして仮面をつけるわけです。すべて深い者は仮面を愛する、まさにそうではありませんか。

そうなってくると、集団主義文化であろうがなかろうが、個人が自分というものに対して何らかの深い配慮を持っている場合、私たちは本当の感情を言葉に出さないのです。

具体的に見てみましょう。たとえば会社の大きなプレゼンで、非常にうまくいった場合、きっとあなたは、

「おかげさまで今日の私のプレゼンが成功しました。すべては先輩たちのおかげです」

などと言うでしょう。

「おかげさま」の二つの真実

この「おかげさま」という言葉は、日本人がとても好きな言葉です。

しかし、「おかげさま」には二つの真実が隠されています。

一つは心からの感謝として。とくに大きな科学的研究や野球やサッカーなどチームワークが必要とされるスポーツの場合、先人の知恵の上に自分が立っていたり、他のプレーヤーの努力があったから自分の得点が決まったりします。そこで言う「おかげさま」は、まさに事実です。

最近ではノーベル医学生理学賞を受賞した山中伸弥《やまなかしんや》教授が、先輩教授たちの名前を挙げて、「おかげさまです」と新聞やテレビのインタビューで答えていました。チームプレーを重視する日本人にとって、このようなチームへの心からの感謝が「おかげさま」という言葉になって自然に口から出てきます。

しかし、一方で、ちょっとひねくれ者と言われそうですが、こんな見方も成り立つのです。二番目の「おかげさま」は社交辞令として、あるいは自分に対する反感をかわすための防衛策です。たとえば自分だけでうまくやったと手柄を発表すれば、妬《ねた》まれるかもしれない。誰かに落とし穴を掘られるかもしれない。

そうであるならば、「田中さんと山田さんと山下さんのおかげで」と、面倒くさい人の名前はまず先に明言しておこうというわけです。偉い学者たちの研究論文の最終ページの、謝辞《しゃじ》のところに、こんな心理構造がはっきりと窺《うかが》われるものが頻繁《ひんぱん》にあります。文句を言いそうな教授の名前はあらかじめちゃんと「おかげさまリスト」に書いておくこと。これが防衛策でなくて何でしょうか。

感情を聞き取る必要性

もう一つ例をあげます。

「仕事はうまくいっているかい?」と上司や、友人に声をかけられて、「うまくいってます」「まあまあです」と答えるときの、その人の本心はどうでしょうか。たとえばうつむきながら「うまくいってます」と言う陰には三つの心理的真実が隠されています。

第一は、遠慮である場合。「うまくいっているとあんまり大げさに言ったら申し訳ないかな。聞いている人のほうはずいぶん苦労しているようだし」。これは相手に対する遠慮、慮りがなせる業です。

第二は、「細かいことを言っても、どうせあなたにはわかりっこないでしょう」という諦めの気持ちがある場合です。この場合も、「まあまあです」とか「別に」と言って話を切り上げようとします。

第三は、自分の名誉、あるいは体面を守るためです。実はうまくいっていないのですが、そのことを話すのはあまりにも惨《みじ》めな気持ちになってしまうという場合です。

このように複雑に動く人間の心に対しては、本当にその人の気持ちになって感情移入していく以外の方法では、真実はわかりません。本物の「聞く力」を駆使して、三つの「まあまあです」を見分ける必要があなたにはあります。

では、これを聞き取るにはどうしたらいいでしょう。

一番目の遠慮の場合は伏し目がちになります。「こんなことを言うと悪いなあ」と申し訳なさそうな目つきがそれを示します。

二番目の「どうせ言ってもわからないでしょう」というのは相手に対する値踏《ねぶ》みですから、これもまた顔に出ます。口元を引き締めて「まあまあです」と言って、目の表情はほとんど変化がありません。

三番目の「まずいことがあって、自分の体面を守りたい」。これは簡単に言えば嘘をつくときの表情に似てきます。白目の中で黒目が左右に泳ぎ、ちょっとキョトキョトした感じ。これは隠し事や嘘をつくときのサインです。

このように本当の感情は言葉に出ないのです。だから、何とかしてそれを読み取ろう、聞き取ろうと思うならば、その人の気持ちになろうという強い感情移入の決意と工夫があなたの側には必要です。言葉だけでなく、顔の表情や動作、姿勢などから総合して、その人の本当の感情を読み取る努力をしましょう。言葉を聞くだけでなく、感情も聞き取ること。その作業を、この本で学んでいきましょう。

「感情移入」して聞いていますか？

とことん相手の気持ちになって話を聞くと、相手のちょっとした一言からでも、その後ろに隠れている本心の悲しみ、喜び、懐疑心《かいぎしん》、反感などがくっきりとわかってきます。したがって感情移入して聞けば聞くほど、あなたの耳に入ってきた言葉は、正確な情報として生きてくるわけです。

私の身近なところでこの一ヵ月のあいだに起きた、感情移入の失敗例を四例お伝えします。なぜ、どうしていけなかったのかを一緒に考えてみてください。

★第一のケース

ディズニーランドに勤務しているUさんは、豊かな人材研修の経験に基づいて、最近、職場内外で講演を頼まれたりして、ますます多忙です。そんなUさんに小学校五年生のお嬢さんがこう言いました。


「パパ、ディズニーランドに行きたいの。連れてってちょうだい」

Uさんは、

「なんでそんな無理なことを言うんだい？　パパは今、本当に忙しいだろう？　おまえだってパパがどんなに忙しいか、見ていればわかるじゃないか。土曜日も日曜日も会社に行ってるんだよ」

とたんにお嬢さんのMちゃんは涙を浮かべて、

「パパ大嫌い！」

と言って向こうに走っていってしまいました。

Uさんは、「これはまったく子供が自分の仕事に対する理解が足りないのだ。自分はディズニーランドに遊びに行っているんじゃない。厳しい仕事なんですよ。なんで泣いてしまったのかわからない」と困りはてました。

Uさんのことを知っていて、お嬢さんにも一度会ったことがある私としては、なんとなく彼女の気持ちがわかるのです。「ディズニーランドに行きたい」は、実は「寂しいよ」と言っていたに違いないのです。

土日もいないパパ、しかもお勤め先がディズニーランド。だったら、「ディズニーランドに行きたい」というのは、「パパがそんなに夢中になって仕事をしているディズニーランドに私も一度連れてって」と言っただけのことなのです。「前にも二、三回連れていったことがある」とUさんは言うのですが、前のことではない、今が問題なのです。

おそらくUさんは、

「そうか、おまえはお父さんと一緒がいいんだね。今月はどうやっても無理だけど、来月一日、日曜の休みが取れるから、そこでパパと一緒にディズニーランドに行こうね」

と言ったらよかったのです。「寂しい」という子供の気持ちに徹底的に感情移入できないために、実際にディズニーランドに行くか行かないかという議論になってしまいました。感情移入は失敗しています。

★第二のケース

これも私の友人で、自動車部品の工場を経営しているK社長の話です。このところずっと連日の残業が続いていました。

中国人の部下のことで日本人の主任が来て言いました。

「社長、実は彼らの残業を減らしてほしいんです」

K社長は、

「気持ちはわかるけど、お客さんが言う納期を守るためには、ここは頑張って残業するしかないだろう？　この不況で注文が来るだけだってありがたいと思わなければいけないよ」

と、つい強い口調で説教をしました。すると、主任がスッと顔を曇らせました。

「そうですか、残念です」

と言葉少なです。

彼らが会社を辞めてしまったら困ると心配したK社長から電話をいただいた私は、ピンと来ました。相手は中国から就職してきた社員たちです。当然、住居代や食費もかかります。お金がいくらあっても足りないという状況です。そんな中で残業を減らしてほしいというのは、実は残業代の問題だろうと思ったのです。

そこで、K社長に、「失礼ながら残業代をどうしていますか」と友達のよしみで聞きました。「二五パーセントつけてますよ」。

「じゃあ、思いきって三割つけるというのは可能ですか」

「まあ、そのぐらいならね」

実際にK社長はあとで主任を呼んで、

「残業が多くて本当に申し訳ない。しかし、十二月いっぱいはどうしてもこの調子で頑張ってもらいたい。残業代を二五パーセントではなくて三割増し、つまり三〇パーセントつけるから皆に説明してくれないか」

と切り出したとのこと。すると彼は、

「そうですか、よかった」

とニッコリしたというのです。

「残業を減らしてほしい」は、「時間がない」ではなく、「給料の値上げをしてほしい」という気持ちだったのです。工員たちと社長の板挟みになっている主任の気の重さと、工員たちの生活事情に感情移入できていたら、もっと適切な言葉を伝えられ、「明日辞めてしまうかもしれない」とドキドキしなくて済んだことでしょう。

★第三のケース

私のゼミを卒業して会社に就職して、一年経ったN君の失敗談です。

N君は、あるとき上司から「できたらやってね」と仕事を言いつけられました。その日はとても忙しかったので、無理をしてやらなくてもいいのだろうと思って、その仕事をやりませんでした。

翌日、上司から「昨日の仕事できてる?」と聞かれてビックリ仰天。

「『できたら』と言ってましたよねぇ」

と答えてしまったとのこと。上司はムカッとした顔をして、

「いや、『できたら』と言ったって君、それは『やってよ』というつもりだったんだよ」と言ったのです。

これは両者ともに相手に感情移入ができなかった例です。上司も「できたらやってね」と言うよりは、まだN君が新入社員であることを考えて、「君も忙しいと思うけれども、この仕事は絶対必要なことだから、なんとか努力して明日の朝までに間に合わせたい。それはできるかできないか」と訊くべきでした。

N君のほうも上司の気持ちにもっと感情移入して、「できたらやってね」というのは、「できてもできなくても頑張ってやってほしい」という切実な気持ちなのだということに気づけば、こんなやりとりにはならなかったのです。

★第四のケース

私の生徒で保険会社勤務のYさんは、今日も午前中だけで一軒あたり約四十分前後か

けて三軒の訪問をしました。年金付保険の新商品を売りに行ってきたのです。移動もあったので、あっという間に時間が過ぎてしまいましたが、三軒とも商品を買い上げてはくれなかったのです。

「『なかなか面白い商品だね』と言われたり、『おお、そんな商品があるんだ。ビックリだ』と、三軒とも言葉ではなかなかいい反応だったのに」と彼は納得できない表情です。

しかし、相手は本当によい商品だと思っていたのでしょうか。もしそうだとしたら、身を乗り出し、パンフレットの文章をしっかりと読み、「面白い」と言うときも、アイコンタクトをきちんととり、ニッコリ笑って言ったことでしょう。

でも、聞いてみると、途中で一度時計を見たとか、隣の部屋で電話が鳴ったら、そちらに半分注意を向けている様子だったとのこと。言ってみれば上の空だったわけです。「買いませんよ」と言いたいけれど、即答するのも気の毒なので、おそらくがまんして話を聞いていたわけです。そして口では「面白い商品だ」とか「ビックリだ」と言っていたわけです。

Sさんがしっかりと顧客の「退屈《たいくつ》だ」「時間がない」という気持ちに気づいて感情移入していれば、一軒あたり四十分も使わなくて済んだでしょう。また、顧客が興味を持っていることなどを前もって調べていれば、その話をして別の感情移入の方法もとれたのです。それについてはのちほど詳細に見ていきます。

いずれにしても、私たちは「相手の気持ちに徹底的に感情移入をして聞く」という大問題においては、あまり上手ではないというのが一般的な傾向なのです。しかも、感情移入しない限り、絶対に相手の本心は聞き取ることができません。

感情移入できないときは？

自分に言いたいことがあり、相手にそれを伝えようとするとき、きちんと表現しなければ相手に主張が伝わらないのは当然のことです。そこでパフォーマンス学では、

「表現されない実力は、ないも同じである」

というモットーのもと、話し手は徹底的にスピーチの目的を妨げる要素をすべて排除するように訓練します。

まず、相手に自分のメッセージが伝わることを邪魔する要素すべてを「ノイズ」と呼びます。たとえば会議室で商談中に外で大きなマイクの声が聞こえたり、携帯電話が鳴ったりするのも「ノイズ」です。しかし、ちょっと一般の人が見落としがちなノイズが「あのう

……」などの口癖です。「えーと」とか「あのう」などの口癖が頻発することによって、聞き手の注意力が妨げられ、趣旨が伝わってこないからです。

私が二〇一二年の年末、二つのテレビ局の依頼で分析した衆院選における某党首のノイズは、「……ですね」「それでね」で、なんと三分間に二十八回の頻発ぶりです。彼の党は大敗しました。聞き手が彼に感情移入できなかったのも一つの敗因でしょう。

言葉の裏に隠された相手の真意までしっかりと読み取ろうとする高レベルの傾聴作業においては、殊にそれが問題になります。それではどうやってノイズを防ぐのか、そのやり方を見てみましょう。

まず第一は、忙しいとか、疲れているといった聞き手の物理的事情です。これは聞く側自らが造り出している「ノイズ」です。心がせわしないとき、相手が何を言ってもほとんど言葉の表面を聞き取るだけに追われてしまって、心の底まで読み取るところまでは気が回りません。疲れているとすべての事柄に対する注意力が落ちますから、目の前で相手が相当大きな声で大切なことをしゃべっていても、すべての情報は水の流れのようにあなたの意識の外のどこかに流れていってしまうわけです。

こんな場合に一番危険なのは、そこで聞いたつもりになること。だから、むしろ思い切って、今は忙しいとか、あるいは疲れているということを正直に言って、

「あとできちんと聞きますから、今日はちょっとその話はやめにしてください」

と切り出しましょう。いい加減に聞いてポイントを聞きのがしたり、不利な条件で話をまとめてしまうよりは、そのほうがよほど賢明です。

外がうるさくて聞き取りにくいときは、

「ちょっとここはうるさ過ぎるから、静かな部屋に移動しませんか」

と持ちかけましょう。無理やりそこで聞き取ろうとして、「え、え?」と言って相手に顔を近づけたり、自分の声を大きくしたりして、余分な努力をするのは無駄なことです。そのことによって聞く集中力が落ちてしまいます。

「情報リテラシー」の上げ方

最も重大な感情移入を妨げる物理的事情のもう一つは、聞き手の知識がない場合、あるいは専門語がわからないというような「情報リテラシー」の問題です。リテラシーは専門分野の知識のことです。現代は、その人の持っている情報の量の大小によって「情報貴族」や

「情報貧民」が発生するように、情報力を持っているか持っていないかで、その人の仕事の成功や就職や転職に大きく影響を与えます。さらに、その情報が日本語ではなく英語のときは、「言語リテラシー」という問題も出てきます。

たとえば一つの分野に精通している人々が数人集まって話をしている場面に、門外漢《もんがいかん》のあなたがポンと飛び込んだ場面を想像してみてください。みんな楽しそうに話をしているのに、自分には別の世界の話だというくらい関心も持てず、まったく理解できなかった経験はありませんか。

もっとわかりやすい例では、イタリア語で歌われているオペラを観に行って、周りが面白がって笑ったり、涙を流して感動しているのに、自分はちっとも笑えない、涙も出ないという場合。これなどは言語がわからない、そして、そのオペラが演じられている文化の背景に対する知識がないことが原因です。知識があるかないか、専門語がわかるかわからないか、これによって聞く力は大きく変わってきます。

しかも、現代はとくにネットなどの高度情報化社会で、情報を持っている人と持っていない人の格差が開くばかりです。だから、情報リテラシーというような言葉も誕生したわけです。その上、加速するグローバル化が、英語ができるかできないかという言語リテラシーのウェイトを大きくして、これもまたビジネスの成功と失敗に直結しています。しかもよく考えたら、この言語リテラシーと情報リテラシーの間には、実は強い相関関係があるのです。あなたのパソコンを想像してみてください。コンピュータは「ログイン」して始まり、途中で都合が悪いことがあれば「デリート」します。ログインもデリートもコピペもスパムもデフォルトもすべて英語です。一般的な英語の単語の意味を熟知していることは、コンピュータを扱ううえで非常に時間短縮になります。

そうとなれば、聞く力をより確かなものにするためには、情報リテラシーと言語リテラシーの両方を上げることが求められます。大いに語学を勉強し、ITを勉強したらいいのです。この二つの力があることが、多くのビジネスの分野において聞く力を増していきます。国際的なビジネス、あるいは国内であっても新しいビジネスを起業したりする人には、どうしても必要な聞く力の一部でしょう。

嫌いな人の話を素直に聞く方法

傾聴力において物理的事情よりももっと根が深いのが「感情的事情」です。嫌いだ、妬ましい、許せない、裁《さば》いてやる、軽蔑《けいべつ》している、自分は今、不幸せで、人のことまで考えられない……。このような感情をすべてひっくるめて、「否定的感情」と心理学では呼びます。

もしも私たちの心の中に相手への否定的感情が一切存在しなければ、両者の相互作用は最も簡単で、相手の言うことに耳を傾け、良い点があれば認めて拍手喝采《かっさい》することができます。しかし残念ながら人間は感情の動物であり、しかも、感情の中でも殊に否定的感情に支配されやすいという特徴があります。

否定的感情の持つ四つのマイナス効果は、二十七ページでリストアップしましたから、もう一度見てください。

否定的な感情は、相手の話を聞く作業を大いに妨げているものでしたね。したがって相手と話すときは、なんとかしてこの感情をポジティブなものに転換する必要があります。そのためには次のような努力をするのがもっとも手っ取り早く、かつ効果的です。

たとえば相手が嫌いな場合は、好きにならなくてもいいのです。「その人自身」と、その人が話している内容とを切り離すのです。「嫌な人の話だけれど、話している内容には何か有効性の高いものがあるに違いない」と考えてみましょう。頭の切り替えです。

ただ、「妬ましい」という感情はもっと処理が厄介です。あの『学問のすゝめ』の著者

で、慶應義塾創立者の福沢諭吉《ふくざわゆきち》先生も、

「およそ嫉妬ほど人間の感情の中で難しいものはない。なぜならば嫉妬は万人が持つものであるから」

と書いているように、誰にでも自分より優れた人に対する多少の羨《うらや》ましいという気持ちや、嫉妬の気持ちがあります。その感情が強くなったときに妬ましさの感情に変わるわけです。


こんな気持ちがあると、相手の言うことにすべてバイアスをかけて聞く悪い癖が出ます。たとえば相手が仕事で成功した話をしているときは、しっかり聞けばよいアイディアを得られたかもしれないのに、

「なんだ、あいつは。ただ運がいいだけさ。まったく妬ましいことだ」

と思ってしまうと、よい情報がまったく耳に入ってきません。

妬ましい相手への対処法

しかしこの感情に対して、パフォーマンス心理学による対処法があることが、最近の社会人対象の私のワークショップでわかりました。

妬ましいと思った相手をほめてしまうのです。

「まあ、あなたのアイディアはなんと素晴らしい！　私もぜひ真似したいものです」と卑屈《ひくつ》にならずに声に出してください。相手を大っぴらにほめた瞬間に、妬ましいという気持ちが減っている、あるいはその気持ち自体が矮小《わいしょう》化されて、先の困った感情はすでにどうでもいいものになっていることを多くの参加者が報告しました。

また、自分の身の回りで起きている不公平に対して、許せないとか裁いてやるという感情を持つこともあるでしょう。その場合はぜひ「なんぴとたりとも人が人を裁くことはできない」という鉄則を思い出してください。あなたが裁かなくとも、ちゃんとその人は周りからの信用を失うかもしれないし、そのときはうまく不正が通ったとしても、いつかは神様がちゃんと裁いてくれます。誰かの裁判官になろうという奇妙な正義感を捨てることです。裁きは天に任せましょう。

「軽蔑」という感情については、優越感の裏返しである場合が最も多いのです。「自分は人より優れている。目の前の人の言うことにろくなことはありはしない。どうせあいつはくだらないやつだから」。こんな軽蔑心があると、相手の言う素晴らしい言葉をすべて聞き逃します。

不思議なことに、優越感ではなく、それとまったく逆の劣等感がある場合でも相手を軽蔑するということがあります。内心自分は相手より劣っているとわかっているにもかかわらず、それを認めたくないので、自己防衛として、「あいつはどうせ卑怯《ひきょう》なやつなんだ」とうそぶいてみるわけです。

ちょうど『イソップ物語』の高いところにあるブドウに手が届かなかったキツネが、「どっちみちあのブドウは酸っぱいさ」と吐いて捨てるように言う『すっぱい葡萄』のたとえを思い浮かべればよくわかる心理的仕組みです。キツネは自分の無能を悲しく思うことを避けたいばかりに負け惜しみで、相手であるブドウの価値を下げるわけです。

そして最後に、会社が倒産したばかりで、不幸で、不運で、そのことで心がいっぱいになってしまい、人のことまで考えられないという、正当な否定的感情の渦《うず》の中にいる人は、正直にその気持ちを相手に伝えるということが最も確実な傾聴作業のための解決法です。

「今、自分の身にこんな不幸が降ってきて、本当はお話を聞きたいのだけれども、聞いてもまったく頭に入らない状態です。ごめんなさい」

と思いきって自己開示してみましょう。

それを打ち明けたことで、相手から思いがけない励ましや慰めの言葉が聞かれたり、一気に打ち解ける場合もあります。

嫌だと言うけど嬉しい人

「うちの主人ったら、私がいないと何もできないのよ」

という話を聞いて、

「それはなんと無能なご主人ですね」

と答えたら、話し手は何と思うでしょうか。心の中で「この人バカじゃないの？」と呆《あき》れるに違いありません。同じように、

「うちの上司ったらね、ほかの誰にもできないような無理難題に限って私に言いつけるから、本当に困っているんだ。ついに来週は、ギリシャ語もしゃべれないのにギリシャ出張になってしまった」

これに対して、

「おや、大変だ。それは災難ですね」

と言ったらどうでしょう。これも愚かとしか思われないこと請け合います。

「うちの主人ったら」の一見苦情申立人のようなご夫人は、単に夫に頼りにされている自分

を誇ってみたかっただけでしょう。したがって正解は、

「それだけあなたが頼りになっているんですね。愛されてますね」

で十分。上司に特別指名を受けている「期待の星」氏に対しては、

「それはすごいチャンスだ。優秀な君を抜擢《ばってき》するために、上司が君に力試しの場を与えてくれたんだね。それは一つ頑張って行ってらっしゃいよ」

と、こうなるでしょう。

それにしても「何もできない夫」だとか、「大変なことだけ言ってくる上司」という言葉になぜ引っかかってしまったのでしょうか。

それは聞き手が、その言葉が話されるときの話し手の声のトーン、わけても顔の表情をしっかりと観察していなかったことにかかっているのです。言葉にならない表現、非言語表現(NVC：Non-Verbal Communication)が、ときには言葉よりも真実を伝えると、序章で予告しておきました。

このご夫人も出張氏も、自分が発言するときにピクンと鼻腔《びこう》を膨《ふく》らませ、頬を緩《ゆる》め、少し高めの声で、いつもより大きめのジェスチャーを伴っていたはずです。彼らの真意は「アテンションプリーズ」以外の何物でもありませんでした。「見て見て、聞いて聞いて。私って

これだけすごい」「僕は偉いんだ」。こんなポジティブな主張を非言語表現からよく見抜かないで、なんでもかんでも言葉の表面だけを聞いて「それは大変ですね」とか「ご愁傷様《しゅうしょうさま》ですね」などと言う人こそ、ご愁傷様というものです。

いい顔をするけど、やらない人

会社で上司から、「今度の仕事はライバル会社とのコンペになるけれど、なんとかして独創性のある企画をまとめたい。一ヵ月以内に企画書として原案を提出してくれないか」と言われた部下は何と答えるでしょうか。最も多い答は、

「はい、精一杯頑張ります」

でしょう。

さて、上司はその答を真に受けていいのでしょうか。いいえ、それではあまりにも危険です。なぜならば、「精一杯頑張ります」という答には、四つのタイプが存在するからです。

第一は「条件反射タイプ」

このタイプは返事が素早く、ほとんど上司の質問に対してかぶせ発言になるほど、間髪《かんはつ》を

容《い》れずに「はい、精一杯頑張ります」と勢いよく答えてくれます。ただ、本当にその企画の大変さまで吟味した上での返答ではない場合があるので、注意しましょう。

第二は「保身型」

彼らの心は、「困ったなあ。大変なことを押しつけられた。しかし、ここですぐに断ったら評価が下がるかもしれない。それはまずいだろう。頑張ってやると言うしかないな」。

このような人々は心に不安がいっぱいあるので、答えるときの声は小さく、直接上司と目を合わせずに、伏し目がちにこの言葉を口にします。手に持った書類を持ち替えたり、ボールペンや鉛筆のお尻をトントンと手のひらの上で叩いたり、首の後ろをこすったりもします。焦っているわけです。こんな非言語表現に気づいたら、「いや、もしも困ったら僕も必ず助けるから、とりあえずやってみようじゃないか」と相手の荷を軽くしてやる必要があります。

第三のタイプは有言実行の「誠実型」

本当に誠実で実力もあり、言葉どおり精一杯頑張ってやり抜く人。このタイプの人間には、「やあ、ありがたい」と簡単に答えて、様子を見ていればいいでしょう。

第四は問題の「狡猾型」

この人たちは、今「ノー」と言うことは不利だと思い、この場をとにかくやり過ごしたいと思っている、別名「スルータイプ」です。口では立派なことを言いますが、目はきょろきょろとする場合があります。一方で気が強い人間の場合は、堂々と相手の目を見返したまま、いとも簡単に「誠心誠意頑張る」などと言うこともあります。しかし、あとでどうやって手を抜くかを真っ先に考える人々です。そして失敗したときに、「忙しいときにこんな仕事を頼んだ上司が悪い」と、同僚にそれとなく言いふらすのもこのタイプです。彼らは常に自己正当化しか考えていません。

このようなネガティブな非言語表現にしっかり目をこらさないと、とんでもない結果になります。詳細は私の『エグゼクティブの「クギを刺す」技術』（すばる舎）を参照してみてください。

言葉とＮＶＣのズレを聞き取る

「せんみつ屋」という不思議な言葉をご存知でしょうか。千に三つしか本当のことを言ってない。なんとまあ、そうなると九百九十七は嘘をついているということになりますが、不名誉なことにせんみつ屋は、古くから不動産業に対して使われてきた言葉でした。

たとえば「駅から五分、交通至便」と書いてあっても、それは下り坂を下ってその地点まで行くときの話で、帰り道は上り坂になって八分かかる。そうすれば、足して二で割って、実際に交通至便というこの道は「六分半」と書くのが妥当でしょう。しかし、下り坂の「五分」を彼らは書くことが多いのです。

「東南角、日当たり良し」については、周りに何の建物もなければの話であり、実際現地に行ってみれば向かいに三階建ての家が建っていて、実際その物件に日が当たるのは午前十一時以降である、などという話はいくらでもあります。もしこの言い方を事実どおりに訂正するならば、「十一時以降は、日当たりが良いです」と書くべきでしょう。

でも、誰がそんなことを書くものですか（もちろん今は情報開示に関するルールが厳しくなって、ある程度は改善されています）。

さて、そうなると、言葉ヅラだけを捉えたら騙《だま》されてしまう確率は非常に高くなり、言葉以外でしっかりと嘘を見抜く必要があります。序章でも紹介しましたが、私は数々のテレビ番組の中で、元防衛事務次官が賄賂《わいろ》をもらっていないと言って実はもらっていたり、食品の消費期限の偽装事件、俳優の暴力沙汰事件と、さまざまな場面で、それらの人々の話している表情を動画で見て「この人は大嘘つきです」と指摘してきました。それゆえに「人間嘘発見器」などという奇妙なあだ名がついているわけです。

実は、私が尺度にしている嘘の見抜き方は、意外にシンプルです。キーワードは「ズレ」です。その中から最も簡単な方法を三点だけご紹介しましょう。

まずは嘘を言うときの言葉と非言語のあいだのズレに注目することです。

たとえば「あなたに会えてとてもうれしい。大変幸せなことだ」と言いながら、顔を見ればたいしてうれしそうな顔もしていない。すると、社交辞令じゃないか、となります。

二番目は、顔の上下の表情筋が伝達する感情のズレです。たとえばエレベーターガールの表情を思い浮かべてみてください。「三階は化粧品売り場でございます」ニッコリ。「八階、子供用品です」さらにニッコリ。とくにどの売り場だったからといってうれしいわけでもないでしょうに。結局、「笑顔でご案内すること」というマニュアルにしたがって笑おうとしていますから、口の周りはにこやかに微笑んでいます。でも、目は笑っていないのです。これは顔の上下の感情のズレです。

三番目は、ちょっと素人の方にはわかりにくいでしょう。私はビデオを一秒、あるいは一秒の十分の一単位で巻き戻しをし、表情筋の動きをチェックしていますから、嘘をつくときに表情の動きのタイミングのズレが生じることがわかります。たとえば顔の下半分が「キャー、うれしい。なんていいことでしょう、キャハハ」と言って、大きく口を開けて笑っているとしましょう。

もしも本当にうれしいのなら、それに合わせて顔の上半分も目尻を下げて笑わないと不一致になります。けれど嘘の場合は、口が動いた後に、顔の上半分も動かそうと表情筋に命令が行きます。その結果、口の周りのほうが早く動き、目があとから笑う、そんな不思議な時間差が出てくるのです。こうしたズレを見ると、その言葉が本当ではないことを聞き取ることができます。

ほかにもずいぶん大きな会社の部長と書いてある名刺を持つ人がいて、「どこそこの部長をやらせてもらってますよ。アッハッハ」などと言っても、よく注目してみれば、背広の袖口はすり切れていて、嵌《は》めている時計も安物。靴になれば最悪で、形が崩れ、かかとがすり減っている。こんな人が素晴らしい実績を上げているとは到底《とうてい》考えられないでしょう。これもまた言葉と非言語のズレです。

非言語を見ながら言葉をしっかり聞くと、このズレに気づくことができます。ズレを見落としてとんでもない人を尊敬してしまうのは時間の無駄です。

田中角栄が泣いた森光子の「感情移入」力

九十二歳で先頃亡くなった森光子《もりみつこ》さんは、長いあいだテレビでワイドショーの司会をしていました。一九八四年に田中角栄《たなかかくえい》元首相をインタビューしたときのことです。

よく知られているように、角栄さんは、雪深い新潟県から小学校を卒業しただけで上京し、政治家になって、最終的には首相にまで登りつめた立志伝中の人物です。豪快なことで有名であり、同時に新聞記者に向かって「君のうちの去年生まれたお子さん、元気かい？」と小さなことを覚えていて、相手を感激させたりする「情」の人でもありました。

しかし、その角栄さんが人前で泣いた、しかもインタビュー中に、女性の前で。どうしてでしょう？

それは森光子さんが、「本当に大変でしたね」というように短い相槌を打ちながら、角栄さんの昔話を聞いていた場面でした。突然、角栄さんは、背広のポケットからハンカチを出し、目に当てて自分の涙をぬぐいながら、

「あんたは本当に素晴らしい人だね。今までのインタビュアーとまるで違うよ」

と言ったのでした。

なぜそうなったのか？

田中角栄氏は小学校卒で地方出身の苦労人です。対する森光子さんも地方の出で、四十代まではまったく売れない、米軍キャンプ地回りから叩き上げた苦労人でした。「森みっちゃん、死んじゃったんじゃないの？」と言われたことが二度あったというくらい、大病で倒れたり、役が来なくなってみんなの前から姿を消したりという時代があったのです。

そんな苦労人ですから、同じく苦労人である角栄氏の言葉の一つひとつが森さんの心に迫っていたのでしょう。よく聞いたうえでの、

「大変でしたね」

の短い一言は、あまり内容を理解もせずに機械的に言う「大変でしたね」とはまるで違う響きを持っています。角栄さんも苦労人であるだけに、森光子さんのそのような感情移入した聞き方に込められた真心を感じ取ったに違いありません。

傾聴力は何も特別なものではないのです。相手の気持ちに感情移入して聞くことができること。これが唯一最大の条件です。森光子さんの前で田中角栄氏が泣いたことは、見事に森さんの聞く力、傾聴力の証明になった一例でした。

第三章　「感情コントロール」して聞く力がある人は成功する

「従業員が話しやすい方法を考え、すべての人の話に耳を傾けることが重要だ。実際に顧客と接するのは販売の第一線にいる人たちだから、現場で何が起こっているかを本当によく知っているのは彼らだけである。もし彼らが知っていることを聞き出さなければ、いずれ会社は大変なことになる」
（サム・ウォルトン　アメリカの実業家、世界最大の小売業ウォルマート創業者）

「無条件の関心」が何より大切

東日本大震災から二年が過ぎました。その地域に住む人々にとっては、これから生活が成り立つか成り立たないか、今後、自分の家ができるのかできないのか、放射能はどうなるのかと気の休まる日はまったくないことでしょう。

ところが遠方に住んでいると、次第に当初の関心が薄れがちです。そうなってくると、以前は「放射能」とか「東北」という言葉がテレビやラジオや人の口から漏《も》れ聞こえただけでもピッと耳をそばだてていたのに、だんだんこのことに関する情報自体を聞き漏らすようなことが出てきます。

それどころか、「なんとかして自分もお役に立ちたい」と切望したときのことも忘れ、がれきや放射性廃棄物の処理の問題になると、とたんに自己中心のエゴを剝《む》き出しにして、「うちの近くに持ってきてもらっては土地の値段が下がるから困る」などと大声で言い立てる人も出てきます。「Not in my backyard」と、英語にはうまい慣用句があります。直訳すれば「私の裏庭だけはダメだ」。総論として、処理には協力すべきだと言っても、それが自分の居住地域になるのだったら御免《ごめん》だというわけです。

これでは「関心があります」というのは口先ばっかりで、本当はもう「関心がない」と明言しているのと結果はイコールなのです。でも、口にしている本人たちは、その大きな真実にさえ気づきません。なんと情けないことでしょうか。

あのマザー・テレサの言葉が忘れられない助言として蘇《よみがえ》ってきます。

「愛の反対は憎しみではない。無関心である」

自分のことならば大いに関心を示して、自分を大事にするのに、ほかの人のことであれば関心さえ持たずに生きていく。なんと寂しい生き方でしょうか。

人間の本質が自分及び他者に対する愛であるとするならば、他者愛をすべて失った人間は、もはや「人間」とは呼べないと私は思います。しかし、「周りの人に愛を持ちましょう」と言うのはいかにも大上段に聞こえる。そこでこれを、「誰にでも無条件で、ちょっとした関心を持ちましょう」と言い換えるならば、なんとかなりそうではありませんか。

しかも、それは「無条件」であることが重要です。自分の親戚だからとか、自分によくしてくれる人だからというのならば、ギブ・アンド・テイクのビジネスと大差ありません。あらゆる人にまずは無条件の関心を持つことが、何よりも重要なのです。

情報が集まる人の条件

周りの人々に無条件の関心を持っている人には、自分の人生が自己完結だけして終わることなく、たくさんの情報が集まってきます。その人の周りにたくさんの人間が集まってくるからです。そして、その中からよりよい情報を選び出すこともできるし、最初は無駄な情報かもしれないと思われたことでも、いつか回り回ってその情報が自分の役に立ってくる場合もあります。

無条件の関心を持つことが、実は広い範囲において聞く力を養っていくうえでも役に立つのです。

ネット情報やマスコミの情報と違って、生身の人間が運んでくる情報は、個別であり感情を伴っています。新聞やテレビに出ていることとは別の解釈がそこで生まれたりもします。無条件の関心を持つことが、傾聴力と人生を大きく広げると言い換えることもできます。

感情コントロールとは何か?

ちょっとしたことで情緒不安定になり、カッと怒ったり泣いたり喚《わめ》いたりしてしまう人は、なかなか人の上には立てません。したがって、感情処理能力についてはいくつかの心理テストが開発されています。私にも自分で開発した感情処理能力尺度があり、自分のセミナーの受講生などには、これをよくやってもらっています。

とくに処理すべき感情の大きなものは、激しい怒りや悲しみです。こういう気持ちがあると、思わぬ失敗をしでかしたりします。また、当然ですが、人の言葉が耳に入らなくなります。自分の気持ちをコントロールして、激しい感情をマイルドにしてあげると、人の言葉に耳を傾けることができます。これが感情コントロールという技術です。

怒りの感情については、アンガーコントロールと呼ばれるいくつかの対処法が用いられます。自分が怒るときの土台になっている考え方を変えていく認知療法や、食べ物や起きる時間、生活などを変えていくことによって怒りの感情を減らしていく行動療法など、さまざまなやり方があります。これも私のセミナーで具体的に実行しているものです。

一方の悲しみについても、グリーフセラピーと呼ばれ、カウンセリング学などでは悲しみの根幹についての物語をクライアントにしてもらうことによって、悲しみから抜け出していくというような手法がとられています。

軽い怒りや悲しみの気持ちを自分でコントロールするには、テンカウント法が簡単で有効です。怒りたいと思ったときに、日本語でも英語でもよいのでとにかく一から十までカウントして気持ちを静める。そのことによって相手の言葉に耳を傾けることができます。

悲しみについても、「ちょっと今日はブルーだな」という程度の感情であれば、自分だけがそうなのではないと言い聞かせて、明るい顔をして、胸を張って歩幅を大きくして歩く。こうして悲しみをコントロールすることで人の言葉が耳に入ってくるようになります。これも「行動療法」のひとつで、パフォーマンス学の知識が大変役に立ちます。私のセミナーでいつもやっている実習のひとつです。

一方、これらとは正反対の極度のプラス感情が「有頂天《うちょうてん》」、あるいは「天狗《てんぐ》になる」というような現象です。

これも、自分は素晴らしい、すごい、天才だと思っているので、人の忠告は耳に入らないし、まして相手のこぼす愚痴《ぐち》はうるさく感じられるだけ。「何を言っているのか。くだらない」と、のっけからはねのけてしまいます。相手が持ってきた話の中に素晴らしい情報が入っているかもしれないのに、です。

しかも先に述べたように、人は否定的感情については聞いてほしいと思っているので、相手の悲しみに耳を傾けてあげないと、「自分だけいい気になって私のことは知らん顔だ。わがままな人だなぁ」と相手が離れていってしまいます。

激しい怒りや悲しみ、有頂天をちょっとだけコントロールして人の話に耳を傾ける。そういう人が社会の中では信頼され、好かれていきます。感情に振り回されているだけでは「子供だな」と思われてしまい、人の話が聞けないという理由だけでも、だんだん人が離れていきます。

好奇心を持つ

専門知識や専門用語がわからないから、話の内容がまったく理解できず、したがってだんだん聞く気が失せてしまった……という経験は誰にでもあるでしょう。ところが、これとまったく別の次元で、そのことに興味がないから何を聞いてもわからないどころか、まったく耳に入ってこないという現象があります。「好奇心の欠如」です。

何年か前に『話を聞かない男　地図が読めない女』という本が世界的ベストセラーになりました。話が聞けない男は、別に女性の話している言葉の専門用語がわからないとか知識がないのではありません。彼らに欠けているのは好奇心です。

「女性の話なんて、どうせたいした内容ではないだろう」

と興味を持たないわけです。社会的功績を上げることが自分の生存意義（レーゾンデートル）だと思っている男性にとっては、どこそこにはきれいな花が咲いていたとか、○○レストランのディナーはおいしかったというような話は、おそらく全部同じような内容に聞こえてしまうのです。

しかし、世の中でおよそ偉大なる成功者と呼ばれる人は、すべて好奇心が旺盛《おうせい》です。彼らの好奇心が情報の幅を広げたのです。たとえば偉大な医学者で神学者だったシュバイツァー博士は、オルガンの名手でもありました。古くはミケランジェロやダ・ヴィンチもそうです。何が彼らの専門かというと、どの分野でも専門家として素晴らしかったのです。

私が直接お会いした人では、心臓外科のパイオニアとして日本医学界に大きな業績を残した榊原仟《さかきばらしげる》博士がそうでした。心臓外科医として素晴らしいのみならず、彼の趣味は油絵で、それも単なる趣味のレベルでなく、二科展に入賞するような腕前でした。

最近、私が直接仕事をご一緒させていただいている人では、昨年、百一歳になった日野原重明先生が、この好奇心の幅の大きさではちょっとほかに類を見ないでしょう。パフォーマンス学に大きな好奇心を持ち、メディカルパフォーマンス学を私と共に創設してくださったことは前に書きました。

それだけではありません。彼は音楽についても大変な興味と才能があり、作曲をし、指揮をし、昨年はなんと『葉っぱのフレディ』というミュージカルを作って（企画・原案）、ご自分も舞台に立ってニューヨークと東京でアーティストとしてデビューされました。短歌も作ります。さらに昨年は童話まで書いてしまったというのですから、好奇心の幅はここまで来るともう止めようがないというくらい、どんどん末広がりに広がっているのです。

さまざまな分野に好奇心を持っていると、さまざまな分野からの情報が耳に入ってきます。しかも、好きこそ物の上手なれで、その道で上達することによって、並のレベルではない、上質な情報が勝手に集まってくるようになります。極《きわ》めつきに、ルネッサンス期の医学者で現代医化学の祖と呼ばれているパラケルススの名文をこの項の締めとしましょう。


何も知らない者は何も愛せない。

何もできない者は何も理解できない。

何も理解できない者は生きている価値がない。

だが、理解できる者は愛し、気づき、見る。

……ある物に、より多くの知識がそなわっていれば、それだけ愛は大きくなる。

……すべての果実は苺《いちご》と同時期に実ると思い込んでいる者は葡萄《ぶどう》について何一つ知らない。


好奇心の幅が狭く、「自分はエンジニアですからITのことしかわかりません」とか、「僕は税理士だから、お金勘定《かんじょう》以外は一切興味がない」などと言っている人には、パラケルススのこの言葉で、頭にガーンと鉄槌《てっつい》が下ったことでしょう。

松下幸之助の傾聴力

「自分は小学校しか出ていないから、素晴らしい若い研究者の話や有能な社員の話を聞きたい」

と常に言っていたのが、現在のパナソニック株式会社の創業者・松下幸之助《まつしたこうのすけ》氏でした。実際に松下さんの秘書を長年務め、のちにＰＨＰ研究所社長になり、現在は参議院議員をしている江口克彦《えぐちかつひこ》氏からその話を直接聞いたことがあります。

若い社員や研究者は、あの松下社長から呼び出されるとなれば誰でも緊張したとのこと。何を言われるのだろう、どんな難しい質問が降ってくるのだろうと身構えるわけです。ところが、彼らの話を目を輝かして聞き、次々と質問をし、最後に、

「聞かせてくれてありがとう」

と言ったとのこと。

こんな聞き方をされたら、社員たちのやる気はどんどん大きくなったことでしょう。また

新しいことを考えて、社長に聞いてほしい。そう思うことがきっと彼らの励みにもなっていたはずです。

人は皆、ある程度の地位に登りつめると、そこで変化への欲求を急に小さくさせて、現状を守りたいという秩序欲求が増えてくるのが一般的です。しかし、松下氏は違いました。何歳になっても次々と大きな変化欲求を持って、それを若い社員たちにぶつけていったのです。

「自分は上の地位にいるから、何でも知る権利がある。報告しないのはけしからん。ホウレンソウ（報告、連絡、相談）を抜いた社員には罰則《ばっそく》だ」というような姿勢で部下から報告を求める場合、その心にあるのは支配欲求です。

この欲求をコントロールせずに次々と情報を得ようとしていると、権力のトップの座にいるときはともかく、地位が落ちたり、健康上の問題が出たり、定年退職したとたんに、周りは誰も彼に情報を入れてこなくなります。

しかも非常に問題なのは、支配欲求の強い人には、プラスの情報しか入ってこないことです。

今、会社でまずいことが起きている、事故が起きているというような報告は、支配欲求の強い人の前ではいつの間にか揉《も》み消されてしまいます。最近、東京電力や、あるいは大津や大阪のいじめの問題でも、トップの支配欲求を怖がって、下がちゃんとした情報を上げなかった例がいくつも見られます。上に上がれば上がるほど支配欲求をコントロールして、下の者の言うことに耳を傾ける必要があるのです。この章の冒頭のサム・ウォルトン会長の言うとおりです。

一方で情報収集のためには、あえてコントロールしないほうがよい欲求があります。それが「変化欲求」なのです。今の状態から変化していきたい。それには自分の勉強だけではとても足りない。衆知《しゅうち》を集めよう。そんな姿勢がある人には自然に優れた情報が集結してきます。変化と成長を求める人は、若者たちの話に対する傾聴力をきちんと持っている人だから、若手への聞き方や相槌の打ち方に真剣さがあります。それを話し手は敏感にかぎ取るわけです。実際、そういった傾聴力のある人だけが、ビジネスで成功してきたと言っても過言ではないでしょう。

謙虚になる

のっけに質問です。

「心の貧しき者は幸いなり」という『聖書』の言葉を聞いたことがありますか？　あまり『聖書』に興味のない人たち、あるいは、すでにクリスチャンで『聖書』を何度も読んだことのある人でも、この句の意味を誤解している人が多いのです。

「貧しい」という言葉が妙に印象に残り、あまり仕事で成功していない人、したがって経済的に苦しい人、貧乏な人、その人たちが幸いだという解釈をしている人が意外にもたくさんいます。

たしかに成金の拝金主義で、お金があればすべてのものが手に入ると思っている鼻持ちならない人は傲慢《ごうまん》であり、到底《とうてい》周りから見ても幸いな人だとは思えません。しかし、一方で本当に仕事が失敗続きで経済力がまるでなければ、たとえば募金をしようと思っても、そのお金がないということになります。

きちんと『聖書』の言葉をもう一度傾聴して考えれば、この言葉はまったく違う意味を持って輝いてきます。「心の貧しい者」とは「謙虚な人」という意味なのです。謙虚で身を低くしている人には、人様の教えやよい情報、神様からの助言がきちんと耳に入ってくる。だから、幸いなのです。

わかりやすい一例として、私の知人のO氏のことをご紹介しましょう。彼はバブル期まで不動産業で大変成功していました。ハワイや韓国にも不動産物件を持ち、一年に二回ベンツを買い替えるというような羽振りのよい生活をしていたのです。しかし、あのバブル崩壊と同時に、会社は多くの借金を抱えたまま倒産しました。そのときに多くの友人が去り、彼のもとには誰も友達がいなくなり、しかも、妻も離婚届を出して一人息子を連れて去っていきました。そんな中でついに彼は自殺を図ったのですが、ふとしたハプニングで生き残りました。

そして、『聖書』を読むようになると、不思議なことに気づいたというのです。景気がよくて、彼の言葉で言えば「ブイブイと鳴らしていた」頃にはまったく耳に入ってこなかった、家族の、

「仕事を少しセーブして体を大切にしてね」

といった言葉や、友人の、

「その物件は危ないんじゃないの?」

といった助言が耳に蘇ってきたというのです。

すべてを失ったときに、彼の本当の聞く耳が開かれたわけです。失敗と絶望のどん底で、

周りの人たちの愛情のある言葉や助けの言葉が耳に入ってくる。「神様助けてください」と祈ったら、

「大丈夫だ、頑張れ」

という励ましの声も聞こえたというのです。

このように、どん底に落ちた人が本当の助言や情報、神様からの声を聞ける場合があります。経済的に貧しくなることを勧めているわけでは決してありませんが、人の教えや人の情け、よい解決策などの情報は、自分だけが世の中で一番偉いと鼻を高くして顎《あご》を上げているときには、耳に入ってきません。実際には情報があったとしても、傾聴する気がなかったので、耳に入らなかったのです。

謙虚であれ、身を低くせよ、「心の貧しき者は幸いなり」とは、情報についても鉄則です。

聞く力を妨げる「責め」の気持ち

自分の部下が何だか不正を働いているらしい、あるいは不正まではいかなくても、どうやらこのところ仕事をサボっている、ちょっとお灸《きゅう》をすえなくては、などと上司が思う場合があります。こんなとき、彼らの気持ちの中には「責め」の感情が働いています。相手を罰

しなければいけない、責めなければいけないと思っているわけです。

こういう気持ちを持ったうえで人の話を聞くと、全部の話が「責め」という軸にしたがって捻《ね》じ曲げられて心の中に入ってしまいます。部下のほうは正しいことを言っているのに、きっとそれは嘘だろうと思ったり、「一生懸命やります」と言っているのに、またきっとサボるのだろうと疑ってしまうわけです。

責めの気持ちがあるときは、相手が伝えている情報をそのとおりに正しく受け止めることがまったくできなくなっています。「相手は悪い人間だ」というストーリーを作っているために、すべての言葉がそのストーリー上でジグソーパズルのピースのように予定どおりの文脈で嵌《は》まらないと、自分の心が納得しないわけです。最初に相手を責めるというストーリーを作ってしまっている以上、そのストーリーを自分が手放すという勇気を持たない限り、パズルのピースはどんどん捻じ曲がります。


大きな例を一つ思い出してください。二〇〇九年、郵政不正事件で虚偽公文書作成容疑で逮捕された厚生労働省の村木厚子《むらきあつこ》さんのことです。私は『日経ウーマン』という月刊誌に十三年間連載していて、その関係で『日経ウーマン』が主催する講演会の講師仲間として直接彼女とお話をする機会がありました。地味で謙虚で、到底不正を働くような人でないことは、一目見て、一言二言話をしただけでよくよくわかりました。それなのに彼女は実際に逮捕されました。

彼女の逮捕については多くの検事たちが関わったのですが、大阪地検の事務官が実際に彼女を「大阪に来てください」と呼び出したのは、二〇〇九年の六月十三日のことだったとのこと。「ちゃんと話をすればわかることだし、これでやっとわかってもらえる」と彼女は家族とそう話して大阪地検に向かったそうです。

取り調べを担当したのはE検事でした。午前中から取り調べが始まり、昼食を経てさらに取り調べが続き、夕方近くなってE検事が言ったセリフが、「これからあなたを逮捕します」でした。本当に驚いて、いくら説明しても自分の話がまったく聞き取られていなかったことにショックを受けたそうです。

なぜそうなったか。それは検察側でいつの間にかひとつのストーリーができていたからです。村木さんがある政治集団に頼まれて、「凜の会」という会を障害者団体であるとして証明する証明書の発行を決裁したというストーリーでした。もちろん、彼女は決裁書を書いていませんでした。決裁書を発行したという記録も一切役所側にはなかったのです。それにもかかわらず、「村木は証明書の発行を部下に指示した」というストーリーがすでに検察側にはできていました。だから、村木さんを責めまくれば、いつかは「自分がやりました」と言うだろうという、自分たちの描いたストーリーのもとで彼女を責めたいという欲求だけに突き動かされて、検察側は自分たちの尋問を続けていたのです。

これではいくら彼女が本当のことを言っても、一切相手が聞く耳を持っていないのですから、尋問などまったく時間の無駄というべきです。彼女に対して検察側が与えた心身の圧迫は、いくら謝《あやま》っても決して拭《ぬぐ》えないほど大きかったに違いありません。女性の身でよく百六十四日間の勾留に耐え抜いたと、私は彼女の勇気に感動するばかりでした。

これは本当に極端な例で、日本の検察の歴史に残る汚点ですから、特筆すべき例外的な事件には違いありません。けれども、毎日の仕事の中で、会社や地域で、家庭の中で、「子供はきっと悪いことをしている。責めよう」とか、「夫は浮気をしている。責めよう」、「部下は仕事をサボっている。責めよう」という気持ちがある限り、私たちの傾聴力はある一定の方向に捻じ曲げられ、決して相手から正しい情報を引き出すことができません。

責めの気持ちが自分の心の中にあるかないか、部下から話を聞くときには、それをまず自分の心に問いましょう。

先入観を一度捨てる

なんと先入観のために三百万円を損してしまった愚かな人間がいます。「どこに?」ですって? ほかならぬこの私です。

もう十年以上も前のことですが、大変尊敬している数学者で、経営論でも有名なT先生がいました。彼はあいにく亡くなってしまい、T先生の教えを継いだ夫人が、夫が起こした会社を引き継いで社長になり、同じセミナーを継続したのです。私は夫人をよく知っていたわけではありません。しかし、書物などでT氏の経済論は本当に素晴らしいと尊敬していました。

あるとき、T夫人から「素晴らしい会社があるので、三百万円を投資してみないか。もしもその投資額が二年後に返ってこない場合は、自分が必ず肩代わりをして返済するから」という話をされました。おまけに彼女は、その場で借用書もさらさらと書いて判も押してくれたのです。あの立派なT先生の奥様だから、きっと素晴らしい人だ、何かお役に立ちたいと思い、三百万円を振り込んだのです。

でも、それは完全なインチキ商法でした。のちに新聞沙汰になり、幹部として活動もしていたT夫人に、約束どおり三百万円を返してほしいと弁護士を通して要求したのですが、T夫人からは、「実は私も大きな被害者で、すでに六千万円ぐらい損をしているから、あなたに返すお金はない。第一、三百万円ぐらいでガタガタ言うなんて、なんとスケールの小さい人でしょう」と、そんなファックスが返ってきたのです。

ビックリ仰天でした。盗人猛々《ぬすっとたけだけ》しいとはこのことでしょう。「自分は六千万円損をしているから、あなたに借りた三百万円は返さなくてよい」というのは、まったく論理的ではないのです。私も実際に被害者集団の一員として裁判に加わろうかと考えたのですが、一ヵ月考えて、やはり私はこのことはよい教訓として覚えておくに留めて、T夫人には一切請求をしないことにしました。亡きT先生の奥様だから素晴らしい人に違いないと思った先入観でインチキ商法の話を聞いてしまった自分にげんこつを与える意味で、もう請求はしないことにしたのです。

先入観を持って人の話を聞くとこんなふうに、よほど用心深い人でもコロリと騙されてしまうことがあります。「あの人の言うことだから本当に違いない」というわけです。実はこのような「あの人の言うことだから信じよう」という事柄を、社会心理学では「エトス（信憑性）」と呼びます。相手がその人の言うことを本当だと信じて行動を起こし始めるために必要な特性です。

社会心理学者のＰ・ジンバルドとＥ・イブセンは、このエトスの研究家として知られた研究者たちですが、エトスを五要素に分けています。

（1）力動性《りきどうせい》（dynamism）
（2）社会性（sociability）
（3）権威ある態度（authoritative manner）
（4）信頼性（reliability）
（5）個人的な魅力（personal attractiveness）

「力動性」は、元気のあることと言えばわかりやすいでしょうか。

「社会性」については、きちんと挨拶ができたり、正しい言葉が使えたりするという、今、心理学の分野でたくさん研究されているソーシャルスキルズの分野です。

「権威ある態度」は、きちんとした知識や職業があって権威があると考えたらいいでしょう。

「信頼性」は過去の実績です。過去に嘘をついていないかということが一番大きな要素になります。

五番目の「個人的な魅力」については、その人の人間的な幅と言ったらいいでしょうか。

このような五つの要素が揃った人が話すと、私たちは相手の言うことを本当だと思い、相手に対してエトスを感じるというわけです。

ところが、自分の観察眼を働かさなければいけない初対面の相手に対して、もし聞く側に先入観があった場合には、きちんとした観察眼が働かなくなってしまうのです。

あの人は元気な人に違いないと思って聞いていると、ちょっと小さな声でも力動性があるように感じてしまいます。立派な仕事上の肩書を持っているからというだけで社会的なスキルを持っていると思い込んでしまい、目の前にいる人はちょっと捨てたものでもない、なかなかルックスもいいではないか、などと信用してしまうという具合です。

こうやってすべて好意的な目で相手を見てしまうので、この先入観によって、相手が持ってきたエセ情報を聞き間違えてしまうわけです。

現にテレビにもよく出演した名物国会議員のHさんは、晩年になって大きな会社からたくさんのお金を借りて、まったく返していなかったことが判明し、晩節《ばんせつ》を自分の蛮行《ばんこう》によって汚すことになりました。多分、彼にお金を貸したほうの会社は、いくら何でもあの有名な国会議員のH先生のことだから踏み倒したりしないだろうと思って、何千万という大金を出してしまったのでしょう。

悪い人に違いないということと同じく、偉い人に違いないということも間違った先入観の場合があります。この先入観がある限り、目の前にいる人に対する私たちの観察眼が鈍ってしまいます。私の失敗例も参考にしていただいて、目の前にいる人を虚心坦懐《きょしんたんかい》に真っ白な心で、その場だけで集中して観察するという習慣をつけましょう。それが相手の言っている言葉を客観的に聞ける唯一の方法です。

傾聴して集中して聞く

相手の話を聞くというこの作業については、ただ耳に音が入ってくるのが聞こえるという「hear」に始まり、傾聴して集中して聴く「listen」に至り、さらに、聞いたことで不明なことについてはきちんと尋ねるという「ask」の訊くに至ります。後半二つの「きく」、「listen」と「ask」をきちんとしようと努力することで、私たちの集中力が上がります。

最近、教室で落ち着いて授業を受けられない児童が問題になり、子供の集中力が続かないと心配する親御《おやご》さんたちからお便りをいただきます。大人でもあっちの作業を少し、こちらも少し、そちらも少しとあちこちの仕事に手をつけて、どれも完成しないという人間が増えています。結果的には、机の上は仕事だらけ。あちらのクライアントにもこちらのクライアントにも締め切りが間に合わないということになります。

そこで傾聴ということを自分への集中力欠如防止のトレーニングとして課してみることをここではお勧めします。そのためには、誰のどのような話を聞くかが問題になってきます。

高名なドイツの精神分析学者フロムの言葉に面白い記述があります。

「集中力を身につけるためには、くだらない会話、つまり純粋な会話ではない会話をできるだけ避けることが大事だ」

と。そして、他人との関係の中で精神を集中させるということは、何よりもまず相手の話を聞くことだと断言しているのです。相手とよい関係を作るには、相手の話を聞くことだというのです。

この聞くという作業を集中してやれば、人はますます覚醒し、そして、あとで自然で快い疲れがやってくる。「集中するとは、今ここで全身で現在を生きることだ」。なんと激しい言葉でしょうか。二人の人間がいかにも気が合って話をしているように見えても、その内容が空疎なものであったり、あるいはBGMのように聞いているというのであれば、そこには集中力はまったくなく、他人との関係がそれによって充実することはないとフロムは言っているのです。

集中して人の話を聞くということが、今ここで全身で現在を生きることだというのは、聞くことの厳しさを伝えて余りあるではありませんか。

会社でよくある会話です。

「朝の田中課長の話、聞いていた？」

「ああ、聞いてたよ」

「うちの会社にとっての三原則が何ですって？」

「えーと、何だったっけ」

こんなことであれば、わざわざ時間を取って三原則についての訓話をした田中課長にはまったく失礼千万だというものです。

会社の中でのちょっとした会話、あるいは大学の授業で教師が学生に話す事柄、教会で牧師が信徒に説教する事柄、その中には相手のためを思って前日から準備をして話す内容もあります。

それにもかかわらず聞くほうが気もそぞろで、今日は暑いなあと思っていたり、これから行く別の会議のことを考えながら聞いていたりすると、集中力がまったく湧きません。したがって聞いた内容はその場限りのものになり、頭に残っていないわけです。それをフロムが、他人との関係において精神が集中していないと断じているのです。

そんな失礼な聞き方で聞いているということが話す相手にわかれば、話し手もまた次からは話す気を失い、いい加減なことを言っておけばいいやというふうに開き直る可能性もあります。そのようにして両者の人間関係はどんどん上っ面だけの浅いものになっていくでしょう。

相手の話を集中して聞くということが相手の全人格に対する受容であり、また自分自身の集中力を鍛えることだと覚えておきましょう。

まずは聞くことの集中力を鍛えるために、聞いた話の要点を箇条書きにしてまとめてみよう、と心がけてください。序章で日野原重明先生が私の長々しい話を三点にまとめたような聞き方です。

第二に、「この話を聞いたら何を質問しようか」と強い問題意識を持って耳を傾けましょう。そうすると集中力が上がります。

単調な会議がダラダラと続いていると、みんな眠くなるのですが、この「質問療法」は、眠気覚ましにもなります。

底の浅いウンチクにご用心

ウンチク男が女子に人気がない、その理由は何なのかと、女性週刊誌が私をインタビューに来ました。

ウンチク男って一体何のことだろうと詳しく聞いてみると、自分で直接研究した話とかたくさんの書物を解析して結論を出した話というのではなく、ちょっとどこかでまた聞きしたり、簡単にインターネットで検索したことを、さも自分の知識のように言い出す男性とのこと。彼らは常に聞き手を求めているので、ちょっと人が集まっているところに来ては、横からみんなの話に割り込んでウンチクを傾けだす、というのです。

たとえば某社で、最近人気のトルコについて、数人の女子社員たちで「今度行ってみたい」などと盛り上がっていたら、横を通りかかった同僚の男性がトルコの政治について滔々《とうとう》とまくし立て始めたというのです。「私たち、政治の話なんかとくに聞いていないわよ」とその場面で彼はやっつけられてしまい、ウンチクは数分に留まったようです。

でも、話し手が自分よりもちょっと地位の上の人だったりすると、その人がウンチクを開始してしまったら最後、被害者になるのは聞き手です。ちょっと自分であとでパソコンを開けばドーッと出てくるようなことをわざわざ目の前にいる人間から聞く必要があるのかと、心の中で「くわばら、くわばら」と拒否信号が飛び交います。

ネット情報だけでなく、また聞きもそうです。いかにも今度の選挙はこうなると自信満々に自説を展開している人に、

「何を根拠にその話をしているの？」

と聞けば、

「あの有名な○○評論家が言っていた」

というのですから、聞いたほうは本当にガッカリします。

私が指導している修士論文や博士論文の執筆においては、文献から引用した場合は出典元をきちんと書いて、たとえばシェイクスピア研究について自分が発想した論考ではない場合、その論考を先に発表した人の名前や出版物の名前をきちんと書きます。その場合にその

出版物や執筆者が信用できる人であること、評価されている人であること、一定の評価を得ている人であることが条件です。

無記名で誰が書いたともわからないウィキペディアやネット情報をにわかにそのまま信じることは、まことに愚かしいことです。本人が信じるだけならともかく、それを人に聞かせようとすることが周りへの迷惑になります。

したがって聞いているあなたは、相手がまた聞きやネット情報でしゃべっていると気づいた瞬間に、必ずこう言うべきなのです。

「その情報元はどこなの？　信用できる話か、君自身が実験したり文献を読んで把握した話ならば信じるけれど、それ以外はちょっと時間の無駄ですね」

と中断する勇気を持ちましょう。さもないと私たちはまた聞きやウンチクに振り回されて、くだらない話で時間を費やし、結果的には自分が持っている情報の質を下げてしまいます。

先の項で紹介したフロムも集中力をつけるための条件として、純粋な会話ではない会話をできるだけ避けることを挙げていました。その純粋でない会話、別名くだらない会話は、また聞きや底の浅いウンチクなのです。それどころか、フロムは毒舌家ですから、彼らについてこうも言っています。

「そういう人間はこちらを憂鬱《ゆううつ》な気分にするから、もちろん彼らを避けるべきだが、それだけでなくゾンビのような人、つまり肉体は生きているが魂は死んでいるような人も避けるべきだ。また、くだらないことばかり考え、くだらないことばかり話すような人間も避けたほうがいい。そういう連中は会話らしい会話はせずに、くだらないおしゃべりばかりして自分の頭で考えようとせず、どこかで聞いたような意見を口にする」

ああ、なんということでしょうか。フロムの本が書かれたときから二十年以上もの時が過ぎているというのに、いまだに人間は同じ間違いを犯しています。くだらないまた聞きの話や、どっちでもいいゴシップで時間をつぶし、ときにはそれを信じてしまうこともある。なんと情けないことでしょうか。話し手を選ぶというのも、上手な聞き手のやるべき作業に入ってきそうです。

「聞く力」の互恵性の原理

コミュニケーションには大きな法則があります。互恵性《ごけいせい》(reciprocity)の原理です。互恵性は、人間関係の中でお互いが頼り合ったり助け合ったりするときに最も多く使われる言葉ですが、実は傾聴についてもまったく同じ原理が成り立ちます。

あなたはどうでしょうか。

自分が一生懸命自説を展開しているときに、途中で「あ、ところでね」と遮《さえぎ》られたら、どんな気持ちになるでしょうか。

「ちゃんとしゃべらせてくれよ!」

と腹が立つでしょう。あるいは、自分が一生懸命調べて発表した事柄に対して、

「それはたいしたことがないね」

などと即座に言われると、本当にその人を嫌いになります。

人は皆、コミュニケーションの作業において互恵性の原理にしたがって会話を進めています。つまり相手が熱心に聞いてくれると、こちらも熱心に話し、次に相手が話したときに、こちらもまたよき聞き手として相手の話に耳を傾け、その話の内容に見合う質問やフィードバックをきちんとするというやり方です。

これはコミュニケーションにおける最大の原則で、悪い聞き手に対しては、話し手は話す気力を失うし、よい聞き手にはどんどんよい話をしようと思うわけです。そして、よい話をしてくれたことに対してよい聞き手だった場合、今度は聞き手と話し手の立場が替わった場

合でも、お互いによき話し手、よき聞き手であろうと努力をするわけです。これが傾聴力の互恵性の原理です。

自分が愛ある聞き手になると、相手もまたこちらの話を聞いてくれると覚えておきましょう。

相手が話しているときに途中で遮ったり、「ああ、その話ならもともと知っていたよ」と何の感動も見せず、ときには「つまらない話だね」というサインを顔に浮かべてしまうと、相手もまたあなたが話すときに聞く気を起こしてくれません。同じようにあなたの話をおざなりに聞き、おざなりな反応を返してくるでしょう。こうして、両者の会話のボルテージはどんどん下がってしまいます。

「そして、それからどうなったの？　ほう、面白い……。君の話にはいつも新しい発見があり、学ぶところが大きいですよ」

こんなことを言う聞き手であると、相手はどんどん話を続けます。この場合の聞き手の質問や反応をパフォーマンス心理学では「言語調整動作（レギュレターズ：regulators)」と呼びます。

相手の言葉を進めたり止めたりする動作です。

「それは素晴らしいですね」

と顔を輝かせて聞くのが、この典型です。この動作がよくできることが、相手の話す意欲をますますかき立て、さらにあなたが話をするときに、相手もまたよき聞き手としてあなたに耳を傾けてくれるという、よい循環を引き起こしていくわけです。傾聴力には互恵性の原理があるのです。

第四章　聞いて訊く生産的質問技法

「偉大な仕事をなす唯一の方法は今の仕事を愛することだ。もしそれをまだ見つけていないのなら、見つかるまで探し続けなさい。妥協して止まってはいけません」

(スティーブ・ジョブズ)

黙って聞くのは無能のサイン

右の文章は、「妥協したり安住したりするな、今気に入っている仕事が見つからないならば、それが見つかるまで探し続けろ」と、「keep looking」という、いかにも西部開拓以来のアメリカ精神を具現化したスティーブ・ジョブズの言葉です。

今、この土地によいものがない。貴重な黄金がない。それならば西へ西へと開拓して、いつかそれが見つかるまで突き進んでいこうと、東海岸から西海岸まで大陸を横断したアメリカ人。彼らの姿勢の中には、これだというものが見つかるまで妥協せずに、その場に止まらずに進み続けようという進取の気性が溢《あふ》れています。この気風は話の聞き方にも大きな影響を与えています。

その真っ只中に放り込まれて立ち往生した私の例を一つ紹介しましょう。

一九七九年、世界初のパフォーマンス研究の学科がニューヨーク大学大学院の中に設置されると聞いて、家族の大反対の中、夫と一人娘を日本に残してニューヨークに飛び立ったのが私でした。パフォーマンス学元年の幕開けです。

ところが、張り切って授業に出ていたのにもかかわらず、前期が終わったとき、指導教授のリチャード・シェクナーに呼び出されました。

「アヤコ、おまえはなぜ黙っているんだ。おまえはなぜ授業中に発言しないのか。質問しないのは、僕のしている話が面白くないのか。興味が持てないのか。ちゃんと聞いて、一つでも二つでも質問しなさい。質問が浮かばなければ、『great』の一言だっていい。今のまま黙って座っているのでは、後期が終わった時点で、到底成績Aはあげられないよ」

これには本当に驚きました。世界初のパフォーマンス学のパイオニアであるシェクナーの話が面白くないわけがありません。その証拠に私は、一言も聞きもらすまいとノートを取りながら、丁寧《ていねい》に話を聞いていました。

途中でわからないこともいくつかあったのですが、「わからない」という意思表示をどこでしたらいいのかとタイミングを探っているうちに、話が先へどんどん進んでいってしまう。アメリカや、イスラエル、フランス、イタリア、中国など、十ヵ国以上もの国籍が集まる多国籍クラスの中で、周りの人はどんどん発言をします。

「それはなぜそうなるのか」

と質問したり、

「今の言葉を別の言い方で言ってほしい」

と要求したり、実に賑やかなのです。ますますこちらは萎縮します。

発言できないのには、二つの理由がありました。

一つは、自分が発言しようとする視点が平凡なものだと思われるのではないかという不安。

二つ目は、自分がそのことを英語で質問するに際して、言い分がみんなに伝わるかどうかという不安でした。

そんな不安感情があるので、つい黙って聞くだけになっていたのです。ところが、しゃべらないと点をくれないというのです。なんてこっちゃと慌《あわ》てふためき、仲のよかったアメリカ人の友人、リックに、「どうしたらいいだろう」と相談しました。

彼の答えは至って簡単。

「僕の母親はユダヤ系なんだけど、ユダヤの教育の中では小学校時代からすでに、『今日学校でおとなしく先生の話を聞いていたか』なんて訊かないんだよ。『今日学校で先生にどんな質問をしたか』って母はよく僕に訊いていたね。つまり、よい質問をするためには集中してよく聞かなければならない。ポイントを押さえて聞いているかどうかが僕のした質問でわかると母は考えていたんだね。アヤコも同じことじゃないの？　真剣に聞いているならばきっと、質問したいことがいっぱいあるはずだよ」

「だってその視点があまり平凡だと恥ずかしいでしょう？」

「何を言ってるんだ。平凡かどうかなんて発言してみなけりゃわからない。そうやって立ち止まってるあいだに、シェクナーはきっと、アヤコが無能だと思い込むよ」

なんということでしょう。こうなったらば、疑問点については即座に質問し、疑問ではなく賛同したならば「それは素晴らしい」と言い、もしも彼と違う意見であったら「自分は違うと思う」と態度表明をし続けるしかないと、私は即座に腹を括《くく》りました。「反対意見なん

か言ったら気を悪くするんじゃないかしら」と言う私にリックは、

「いや、対立の中からよりよい結論が出ることが合理的議論というものだね。そうすれば対立は教師にとっても力になるんだから。つまり対立を力に変える聞き方、質問のし方、それこそが彼の求めているものだよ」

そうだ、と私の心で腑《ふ》に落ちるものがありました。

聞いて訊く。聞いてわからないことがあれば、立ち止まらずにどんどん訊き続ける。その質問そのものに対して相手に反論があれば、さらに高度な反論を返す。

そうやって聞いて訊く質問技法が、まさしく生産的ディスカッション法だと気づいたのでした。

相手が話したいことを質問する

私たちの話の中では、大切なことほど口に出てこないことがいくらでもあります。第一章で詳述したように、暗示文化の国であり、遠慮や面子の文化の中では、欧米よりも一層その傾向は強いのです。だから、「待てよ、今話している相手の言葉の裏にもっと重要なことがあるだろう」となんとなくあなたがひらめいたならば、まずは相手の口にしなかったことを質問によって引き出すことが重要なステップです。

しかも、もしも相手が遠慮してそれを口にしていなかった場合、そこをあなたが質問してあげると、相手はドッと気持ちを吐き出すことができます。相手にとっても「待ってました」という気分になるからです。

大切なことは口に出されていない。この原則から先のディズニーランドに勤める父親とお嬢さんの例を思い出してみましょう。

娘「パパ、来週の日曜、ディズニーランドに連れていってよ」
父「何を言ってるの。パパは日曜も仕事だ。たまに日曜が休みでも疲れている。五年生にもなってそんなことがわからないのか。ママと行っておいで」
娘「ママとはこの前行ったよ」
父「じゃ、それでいいだろう」
娘「もういいよーだ。パパなんか大嫌い！」

さて、この会話で娘さんが口にできなかった感情は何だったのでしょうか。おそらく彼女はお母さんとではなく、お父さんと何かをしたかったのです。しかも、父親が一生懸命仕事をしているディズニーランドに父と行くというのは、父親と行動したいという感情。「パパの仕事を見たいなあ。ママと行くのとパパと行くのはまた別なんだ」。このように考えるとよくわかるでしょう。

ここで父親が言うべきだったことは、「ママとはこの前行ったよ」という言葉のあとに、「そうなんだね。だけど、君はパパと一緒に行きたいんだね」

そうすれば娘は、「うん」とニッコリしたことでしょう。

「そうか、じゃあ、今週は無理だけど、おまえを連れていける日を探すからね」

となって、感情はこじれずに、二人の結びつきはより一層強くなったに違いないのです。押さえつけてしまうよりも、上手に質問する力が父親には必要でした。

もう一つの、中国人の社員を抱えている、私の友人で工場経営者のK社長と日本人主任の例を思い出してください。

主任「中国人の従業員たちが残業が多くて文句を言っています」

社長「何言ってるんだ。十二月末と期限を切られているんだよ。あと一週間の踏ん張り

じゃないか」
主任「しかし、ここに来て残業が続いていますからねえ……」
社長「それを説明するのが君の仕事じゃないか」

主任が言葉に出せなかった気持ち。「社長は私にそういうふうに言うけれど、実際に主張の強い中国人の従業員たちに説明する私の身にもなってくださいよ。残業はもうずっと続いていて、彼らの体も疲れている。しかし、本当の問題は、こんなに残業しているのに残業代が二五パーセント増しという金額なんですよ」。

もしも主任の言葉にならない気持ちに気づいていれば、社長は、

「そうか、君の困り顔を見ると、言いにくいんだね。時間かね？　それとも割増しを増やせば済むことなのかな」

という質問ができたはずです。そうすれば主任は待ってましたとばかりに、

「いや、割増しと言ってもらえると、私もみんなに話がしやすいです」

こう丸く収まったでしょう。

大切な言葉が口に出ていない。それならば、相手の顔をよく見ながら相手の気持ちに百パ

ーセント感情移入して、相手が話したいことを話せるような質問をしていきましょう。

小泉進次郎の「ブリッジング技法」

年齢が若いのに、どこに行ってもたくさんの聞き手が集まってきてワッと彼を取り囲む、自民党の若きプリンス、それは小泉進次郎《こいずみしんじろう》氏です。私はたまたま『小泉進次郎の話す力』（幻冬舎）という本を書くことになり、彼の演説を事細かに分析したり、会って話を聞くことになりました。そのときに面白いことに気がついたのです。

彼はどこの場所に行っても、ご当地ネタで話を始めます。大分県の湯布院《ゆふいん》に行ったときは、

「湯布院とかけて何と解く。自民党と解く。その心は？『先が見えない』」

ここでみんなドッと笑います。ご存知、湯布院は霧の町。そして、「先が見えない」と言った自民党は当時、霧に隠れていたわけです。

「ところで皆さん、本当の自民党のよさはそうではないのですよ」

と彼が本論を話す頃に、聞き手はもう心を開いて彼に耳を傾けています。そこで自民党のよさを滔々《とうとう》とまくし立て、自民党の巻き返しに一役も二役も買ってきたことは読者の多くが

ご存知のところです。

誰でも人と話をするとき、相手に自分のことをわかっていてほしいと思います。殊に自分に関する属性、たとえばどんな職業なのか、どこに住んでいるのか、どんな食べ物が好きなのか……ということを相手がよく理解していると思うとうれしくなります。こんな人間の気持ちをよくよくわかっていて、ご当地ネタで話を始めるのが進次郎氏の常套《じょうとう》手段だというわけです。

このように相手のことをよくわかっているということを一方で発信しながら、もう一方で彼は面白いことをやります。初対面の相手には、誰にでも必ずと言っていいくらい、

「今日はどこから来ましたか」

と聞くことです。誰でもどこかからその場所に来ています。降って湧いた人はいないのですから。そこで、演説会場が築地の魚市場であれば、千葉からと聞けば、

「おや、そんな遠いところから。偉いですね」

と言います。これで相手はニコニコします。「すぐ近くですよ」と聞けば、

「いや、近くていいですね。いつもこんなところに来れるんですね」

これでまた相手はニコニコします。

遠ければ「偉い」、近ければ近いで「便利だ」というわけで、「どこから来ましたか」と質問する言葉は、必ず相手が答えられる簡単なものです。しかも、その質問に対する答えの中に、次の一言を続けるヒントがあるわけです。

しかも、これは老若男女、誰にでも使えます。小学生の坊やが向こうから来たら、同じく進次郎氏は、「僕、どこから来たの?」。坊やは「あっち」と指さしました。「ああ、あっちなんだ」。「うん」。これで坊やはニコニコです。

相手が話したいことを質問してやる。相手が必ず答えられることを訊いてやる。初対面で相手との距離を一気に縮めるには、このような質問が一番です。どうぞこのブリッジング技法のご当地ネタと、「どこから来たの?」を試してみてください。

感嘆しながら、さらに聞き出す!

私たちが目の前の相手の話の中から本心を聞くことが難しいのと同時に、相手の知識、経験、価値観などについても、なかなかその場でサッと聞き取れるものではありません。そこで質問が必要なのです。

「すごい」

「素晴らしい」

「どうしてそんなことができるのか」

といった感嘆詞を交ぜながらの質問が一番効果的です。そのことをよく理解してもらうために、まったく逆の例を一つ紹介しましょう。


外資系のP証券の幹部講演を頼まれたときのことでした。打ち合わせの電話をしてきた女性が、私が何か言うたびに、「なるほど、なるほどなるほど、なるほどなるほど」と「なるほど」を連発します。「なるほど」は「わかった」というサインです。

講演のテーマを何にするかという話で、「パフォーマンス学の視点から見た人間関係作り」にしようとなったとき、彼女はすかさず「なるほど」と言いました。パフォーマンス学が何であるかなどという基本的なことがそんなに簡単にわかっているはずはないのです。でも、とくに質問もなく、「なるほど」です。


「一時間ほどでパフォーマンス学の理論と具体的な技法を話し、簡単なワークショップもやろうと思うのですが」

「なるほど、なるほど、なーるほど」

これを聞くと、こちらはますます軽くあしらわれたという感じがします。上から目線の言い方だとも感じます。まさか「この生意気！」とも言えないので、早く話を切り上げようと思い、「当日の内容についてこのテーマでよろしければ、こちらからレジュメを前もってお届けしましょうか」と、講師である私のほうがやり方について提案をしました。「なるほど、レジュメがあったほうがいいですね」と、これにも「なるほど」が返ってきました。

ここまで聞くと、もう私は話す気を喪失。だんまりで、「それではよろしく」と電話を切ってしまいました。前章で述べましたが、この相手の話を進めたり止めたりする動作がパフォーマンス心理学では、言語調整動作（regulators）です。相槌や質問などがここに入ってきます。

もしも彼女が「なるほど、なるほど」を連発せずに、こう言ったらどうだったでしょうか。

「まあ、面白そうですね。パフォーマンス学って一言で言うとどういうことなんですか」

そうすれば私は、「それは自己表現の科学です」と答えたでしょう。

「自己表現の科学ですって？」とか「本当に科学なんですねえ」と相手が感嘆の声でもあげればしめたもので、もう私はうれしくて、どんどん、なぜそれがどのようにサイエンスなのかを説明したに違いないのです。

「なるほど」は「わかった」というサイン。あまり目下から目上に使うべき言葉でもありません。相手の専門知識がそんなに簡単にわかっているわけはないのですから。そうであるならばむしろ、「まあ、そうなんですか。ビックリしました」と感嘆しながら、さらに次を聞き出す質問をしていったほうが生産的だというものです。だから、とくに自分に相手と拮抗《きっこう》するような知識がなくても、まったくかまいません。相手の話に感嘆符を飛ばしながら、「それをさらに教えてください」と質問の形をとっていくだけで、相手は気をよくして、どんどん話は生産的な方向に進んでいきます。

言語調整動作をうまく使える聞き手は、結局相手から好かれて話がうまく進みます。

聞いて訊く「情動のダンス」

カップルが向かい合ってコーヒーを飲んでいるのをガラス越しに見ていて、言葉がまったく聞こえなくても、その二人はきっと気が合っているのだろうとわかるときがあります。

彼がカップを取り上げれば彼女も取り上げ、彼がカップを置けば彼女も同じタイミングでカップを置く。もちろんそこで、「さあ、出よう」と彼が言い、彼女も「そうね」と言ったのかもしれません。

しかし、そういう大きな動作でなくても、ちょっとしたことでも気の合った者同士は同じ動作をします。これが同調動作です。同調動作は、その人と同じ動きが発生することを指しています。人は好意や尊敬を持っている相手をよく見ているからです。人類学者たちがミメーシス（模倣《もほう》：mimesis）効果と呼んだものです。

ビジネスの会食会などでは、これがはっきり出てきます。

つい先日、大手の教育系の出版社の社長ら数人と料亭で食事をしたときにも、この同調動作がはっきり出ていました。社長のM氏が目の前に出てきた魚を見て、「わあ、なんと大きな魚だろう」と言って目を丸くしたら、周りのみんなもいっせいに彼の魚を見つめました。

そして、M氏が箸《はし》をとったら、ほとんど同じようにみんな箸をとって、魚を食べ始めたのです。このあとも皆さんは不思議なくらいM社長と同じ動作を繰り返しました。社長が壁にかけられた絵を珍しそうに見ると、皆の視線の方向にも同調性が出ています。こんな同調動作がよく現れているチームは仲がいいので、仕事がはかどり、よい成果をあげていきます。

言葉のやりとりにもまったく同じことが言えるのです。質問しながら同じ言葉や動作を繰り返していくと、相手がどんどん乗ってきて、よい効果が生まれていきます。たとえば「○○についてはどう思いますか」。「○○ですね？　それについては〜」とまず相手の言葉を引き取って、それから自分の意見を言う。そのときに、意見を聞いた相手がビールを一口飲めば、自分もまた目の前のビールを一口。

こんなふうに、質問をし、その質問の中の言葉をもう一度使ってそれに答え、相手がある動作をしたら、その動作を重ね合わせていく。こんな繰り返しをしていくのがパフォーマンス学でいう「情動のダンス」です。動作を引き起こす感情が揃い、その結果同じ動作をすることによってさらに気持ちが揃っていって、ちょうど二人の人間が気持ちと動きを合わせてダンスを踊っているような感じになるのです。

こんなことを繰り返していると、自然に結論が、両者の力を合わせたよい方向に向かって出るようになっていきます。相手とまったく違う言葉で語り、まったく違う動作を目の前でして、口から出てくる質問は全部正反対、これではよい仕事にはなりっこないのです。協力しながらいい仕事をしようと思ったら、相手の質問や動作に自分の質問と動作を合わせた「情動のダンス」をお勧めします。

「かぶせ発言」をしない

相手の話の途中で、「それはですね」とすぐに自説の展開に持ち込む人がいます。そういう人は大体嫌われます。

つい先日もそうでした。五人ほどの薬学の研究者たちのあいだで話が一段落し、今、ネット上の就職紹介で急進撃している「ジョブセンス」の話になりました。まだ二十代の社長なのに、なんと素晴らしい目のつけどころであるのか、そして、それが広がった理由は何なのかということで、畑違いの分野での快挙ながら、私たちは大いに盛り上がっていたのです。

そのときです。突然一人が、

「いや、実は僕のいとこがね、彼と大学時代同級生だったことがあるんですって」

と言いだしました。いとこのさらに友人だなどという遠い遠い関係をそこで持ち出しても、殊に面白みは何もないのです。シラーッとした雰囲気になり、みんな「今は黙っててくれたほうがもっと技術の話ができてよかったのに……」とうんざりしました。

何人かで話しているとき、自分もそれについて何がしかの特ダネめいたことを知っているというスタンスで話に割り込んでくる人がよくいます。この人たちは決まって相手の発言がまだ続いている最中に、それにかぶせて発言をしてくるのです。「かぶせ発言」です。心理学的には、自分の主人公願望を抑えきれない幼稚な性格が多いのですが、こんな人に遮られると、愉快な話の流れが止まってしまいます。「かぶせ発言」は原則禁止なのです。

しかし、私がもう二十五年も続けている医師対象のメディカルパフォーマンスのセミナーで、この「かぶせ発言」について異なった視点から質問が出ました。

糖尿病の相談で来た患者なのに、次から次と年末に神社に行った話、そのときおそらく風邪を引いたなどと話が際限なく脇に広がっていった場合は、どうやって区切ったらよいのかと。

聞いてすぐに、ああ、なるほどと思い当たることがありました。この質問は今まで何度も受けています。相手の話が長すぎる場合、話の切れ目を見つけようと思っていてもそれがなく、仕方なくどこかで遮って発言するしかないというケースです。

たしかにこれは話し手の問題です。しかし、それでもよく注意して聞いていると、一つの内容から次の内容に移る話の変わり目が見つかります。ここが発言権を引き取るチャンスです。それでも、切れ目もなく、まったく一つの流れとして別の話がつながっていく場合にはどうやって遮ったらいいのでしょう。

こんな場合でも、「お話し中ですが」などとはっきりと、「遮るぞ」というメッセージを入れて遮る必要はないのです。

最初の話に、「ほう」とか、「すごいですね」とかオーバーアクションで感動を込めて、十分にフィードバックを返しておきましょう。頷いたり感心したりビックリしたりをちゃんとやっておくのです。そうすると、ある程度相手の主人公願望が満たされます。その折を狙って、「ところでね」と次の自分の発言に持っていくのですが、そのときに、まずは目で合図をしましょう。ちょっと用がある、という感じです。

それでも気がつかなければ、机の上の書類をパッとめくったり、ペンを置いたりというアクションで伝えましょう。さらにそれでも気がつかないときに、「ところでね」という言葉になります。このぐらい細かいステップを踏めば、相手もさんざん話したあとなので、もう十分発言欲求が満たされて、そこで発言権をこちらに譲ってくれます。

何かここで訊かなくてはと焦って質問を差し込んだり、話が盛り上がっているのに聞くという忍耐をせずに、パッと自分のほうにかぶせて発言権を引き取ると、どうしても相手や周りの人が気を悪くします。

意見も質問も浮かばないときは？

　ゴルフ場の昼休みのレストランで、友人のI社長が浮かない顔をしてこんなことを言いました。これから伸びるだろうと信頼していた中堅社員が二人、共謀して辞めてしまったそうです。ところが、彼はそのとき、あいにくミャンマーに出張中で、「すぐに行動ができなかったから非常に困りましたよ」と。

　私が「大変だっただろうなあ」と心で思うか思わないかのうちに、同行したAさんが、「いや、それは泣きっ面に蜂ですな。今はケータイというものがあって便利がいいから、昔ほど苦労じゃないけど」

　I社長、ムカーッ。

　多分、口を出したAさんは、昔自分にもそんな体験があり、当時はケータイもなかったから、今のほうがまだましだと経験から思ったのでしょう。

　それにしても、これでは何も共感の気持ちが入っていません。I社長は本当に浮かない顔をしてそう言ったのですから。たぶんトラブルの処理をまだ引きずっているのでしょう。そのせいかどうか午前中のスコアも彼にしてはボロボロでした。きっと別の社員を採用したり仕事を引き継いだりするという大変な仕事が済んでいないのでしょう。

どうも私たちは誰かが何か言ったとき、気の利《き》いたセリフをすぐに返さなければと思う悪い癖があるのです。しかも、自分の経験が豊かだったり、多少知識があったりすると、そのことをチラッと言いたいわけです。けれど、困っている最中に誰が「泣きっ面に蜂」などと言われたいものですか！　それよりも、本当に相手の気持ちになって感情移入し、「それは大変でしたね」と声に共感の気持ちを込めて一言言えばよかったことです。何かしゃべらなければならないと思い過ぎて、適切でない言葉を返したら、結局は相手の気を悪くします。


会社の話でなく、家庭の話でも同じことが最近ありました。いつも私が通っている教会に来たご婦人が、「最近、夫のDVから家庭裁判所の助けなどを借りてやっと中学生の息子を連れて家を出て逃げ出した」と重い口を開きました。

「それでやっと夫に対する苦労から抜け出したと思ったら、この頃になって中学一年の息子がなんだか似たような行動をするんですよ。まったく乱暴な言葉を使ったり、ときには『何言ってんだ、黙れ』と、実際に殴りはしないけれど、手を大きく振り上げたりするのです。本当にドキッとします」

彼女の声は細くて消え入るようでした。見ると、以前会ったときよりも、心なしか体が少し細くなったような気もします。

その瞬間です。そばで聞いていた一人の女性が、

「それって遺伝かもね」

と言ったではありませんか。横にいた私はギョッとして、思わず発言した人をにらみそうになりました。たしかに人間の性格については遺伝要因で決まるものが三〇パーセントほどあります。でも、残りはそのあとの環境や教育などです。暴力をふるう父親のそばで毎日育ってくれば、息子も暴力を真似してしまうということはたしかにあるのです。

でも、今、別居しているのですから、やっと悪い模倣から離れられる、よいチャンスです。そんなときに、「それって遺伝かもね」と言って何の役に立つのでしょうか。遺伝要因もあるかもしれませんが、それを今言われたところで彼女には、なす術《すべ》がないでしょう。もしもこの心ない聞き手が本当に彼女の気持ちになれば、

「まあ、本当につらかったですね」

とゆっくりめの口調で相手の目を見ながら、自分の目に同情の思いを込めて言ったことでしょう。彼女はきっとつらかったのですから、「まあ、それはおつらかったですね」で十分

です。

何か気の利いたことを言おうという欲求は、本質的には自分を賢く見せたいという自分自身のプライドを守っているだけです。自分のプライドを捨てて、とことん相手の感情に寄り添いましょう。それが最もよい質問や発言の基本です。

一番上司に信頼される質問とは

大手の情報サービス会社を経営するK社長が、最近気を悪くした話としてこんなことを言っていました。彼女の会社に、コンピュータのSE（システムエンジニア）からの転職でちょうど三十歳になった営業担当の社員がいるとのこと。情報サービスをどんどん提供してスケールメリットを上げていくために、新規クライアントが必要だという会議をしたときのことです。

この元SE君が、「あ、それは簡単ですよ。公開セミナーをやりましょう。そこでわが社の情報サービスがどんなにバラエティに富んでいてきめ細かいかということをみんなに聞かせたらいいんですよ。たくさんの新しい人を呼んでくればいい」。

別の社員、「しかし、人を呼んでくるためにどうやって告知をする気?」。

元ＳＥ君、「それはホームページとメルマガを使ったら、一気に何千人の人が読むんですよ。いい方法じゃないですか」とケロッと言いました。

先輩社員が、「ホームページで情報を取りに来るのは、もうわが社と取引のあるところか何らかの関係のあるところがほとんどだよ。メルマガだって先方との受信ＯＫの関係が成立していなければダメだから、まったくの新規ってわけにいかないだろう。そもそも、どうやってホームページを見てくれる人を増やすかという、一番先に出た新しい人を増やすという振り出しのテーマに戻ってしまうよね」。

このやりとりを聞いていたＫ社長はこう思ったとのこと。

「セミナーをやろう、ホームページとメルマガで広げればわけないなんて、なんという甘ちゃんかしら。そんなわかったつもりのことを言われるよりも、『一生懸命考えたけれど何も思いつかないのですが、まず私自身が一軒一軒、新規クライアントになってくれそうな会社の担当者とアポを取って回ってみます』とか、そんなことを言ったほうがよっぽど気が利いていたんじゃないの。どこかの情報を継《つ》ぎ接《は》ぎして、さもできそうに発言するなんて、まったくゆとり世代の弊害もいいところだわ。甘ちゃんで、ちっとも地に足がついてない」

もちろん彼女は、当の元ＳＥ君にそんな発言はしませんでした。それは後で私に言ったセリフです。

知ったかぶりというか、できそうもないことをできると思って、滔々と自分よりも経験が豊かな人や上司や経営者にまくし立てる人がいます。これは上司との信頼関係を失う以外の何物でもありません。そもそも実行できないのですから。経験者はそれが実行可能か不可能かをじっと見つめています。少しでも実行可能そうであれば、「じゃあ、方法を考えましょう」となるのですが、いかにもそれがすぐにできると言わんばかりの甘い仮想のもとで発言されると、向かっ腹が立ってくるものです。

そこで、自分のほうに知識が十分にないときでも必ず上司に信頼される、第一の質問をお伝えします。それは、

「教えてください」

と言って相手の懐に飛び込んでしまうことです。

「自分は今このようにやりたいと思って方法を考えています。けれど、それはもしかしたら、今まですでに使われたことだったのかもしれません。今まで採用された方法が何だったのかを教えてくださいますか」

あるいは、

「今自分はこんなふうに考えたけれど、これを現実化するための最後の一歩のステップがわからないのです。誰かそこがわかったら、それを教えてください」

「教えてください」と言われて悪い気のする人はいないのです。なんとか後輩の質問に答えようと一生懸命頭をひねり、その結果、今までわかっていなかった新しい答えが導き出されたりもします。「師は教えてほしい者の前に現れる」という有名なことわざがありますが、「教えてください」という発言や質問をする若い社員がいるところに、その人に教えようと思ってさらに研鑽《けんさん》を積む先輩たちの輪が広がっていくのです。

クレームを信頼感に変える訊き方

私のセミナーにちょうど丸一年通ってきてくれている四十代の医師のMさんから、ある日突然、電話がかかってきました。六十歳の女性患者のSさんが糖尿病で二回目の診察に来たときのことです。そのときに前回見たときよりもさらに太っている感じが明らかにしたので、運動不足や食事の取りすぎなどから引き起こされる生活習慣病は、本人が意志を強くしなければなかなか治らないということを伝えたとのこと。

そのときに、まだSさんが「そうは言っても、運動ってなかなか続かない」とか、「食事はほかの人に比べてたいして多く取っているとは思えない。第一、食事を減らしたら、だるくなるのではないか」とあまりにもいろいろなことを言っているので、

「次から次とできない理由を並べていくと、なんだか不定愁訴《ふていしゅうそ》の人みたいな感じですよね。このままだと、どんどんおデブさんになってしまうかもしれない。それは困りますよね」

と言ったとのこと。

その場ではSさんはおとなしく引き下がり、薬をもらって帰りました。ところが、あとで本人から電話がかかってきて、

「先生のあの言い方は本当に侮辱《ぶじょく》的で考えられない。不定愁訴だなんて、不適切な言葉ではないか。自分はふだんと変わらない生活をしています。運動だってまったくしていないわけではないのに、意志が弱いなんて言われて。五時までにちゃんと謝ってくれないと、私はブログとフェイスブックに先生のことをアップします」

と言ったのだそうです。

M医師は寝耳に水でビックリ。「自分が話しているときに、そういえば、『わかりました』

と言ったときの笑顔がなんだかぎこちない感じはしたけれど、そうかといって、そこまで文句を言ってくるとは思わなかった」と言います。

ブログに書くのはこれからだったのですが、すでに院内の目安箱にも、「M先生の物の言い方は患者を侮辱している」とたくさんのクレームを書いて投書してきたとのこと。M先生は、ちょうどすぐに連絡が取れたので病院関係の弁護士に、Sさんが主張している名誉棄損《めいよきそん》とか信用毀損《きそん》というようなことがこれに当てはまるのか確認しました。すると、「まったくそれは該当しないし、書きたいというなら書かせておいて、先生のほうの対処はこれから一緒にどうするか考えましょうや」という返事だったとのこと。

「でも、待ってください」と私は電話口で言いました。時計を見ると、まだ四時四十分です。二十分あるではありませんか。M先生に、

「そうやって弁護士までつけたりすると、どんどん事は大きくなりますよ。先生にとってもあまり愉快な仕事ではないし、患者にとってもまったく不毛な作業でしょう？　それより患者と先生のあいだに信頼関係ができて、治療効果がぐんぐん上がっていくのが医療の本筋でしょう」

と言いました。

そこで先生からSさんに電話をして、こう言ってみるようにお勧めしたのです。

「ちょうど長い年末と年始の休みもあったりして、予約表を見たら今日Sさんが久しぶりに来ることになっていたので心配していたのですよ。なんとかしてあまり薬に頼らないで運動と食事制限をしながら、これからの三十年以上を、元気でぐんぐん生きていってほしいと思っていましたからね。それでつい言い方がきつくなってしまったようです。申し訳なかったですね。これからもう一度、一緒に頑張ってみませんか」

実際にM先生はこれを実行しました。

するとどうでしょう。Sさんは、

「まあ、先生がそこまで考えていてくださったんですか。それは本当にありがたいことです」

と電話の向こうでちょっと涙声になったというのです。

くわしく聞いてみるとどうやらSさんは、自分が太り過ぎて今までの家事がスピーディにこなせないことで、夫や子供たちからも「自分の食べるものの制限ができないなんて、ママ、意志が弱いんじゃないの?」と言われて、相当傷ついていたらしいのです。だから、食事制限はしなくてはならないと内心思ってもいたとのこと。しかし、「おデブさん」だとか言われた言葉が引き金になって、カッと来たらしいのです。

そののちにＭ先生に届いたＳさんからのメールの内容を聞いて、私は思わず微笑みました。

「こんな大きな病院にもＭ先生のように真剣に患者一人ひとりのことを考えてくださっている先生がいたことは感激です。私もこれからＭ先生の言うことをよく聞いて頑張ります。同じ悩みを持つ友人たちにもＭ先生の診療を受けるように勧めます」

というものだったのです。

なんという成果でしょうか。クレーマーが一転してカスタマー（顧客）に転じて、ＰＲまでしてくださるというのです。きっと、心の中のわだかまりが解けてみれば、自分がつけていたクレームもたいしたことではなかった、いや、むしろ先生の好意を誤解していたとＳさんも気づいたのでしょう。

また、Ｍ先生にとっても自分へのいいお灸になりました。患者さんに話すときに自分の思いが先走って言い方がきつくなると、患者のほうはどこかに不調を抱えた、心理学で言う「否定的感情」をたくさん持った状態で病院に来ていますから、言われた言葉がなかなかそのままストンと腑《ふ》に落ちないわけです。その相手側の心情をよく理解して聞いて、そのうえで心情に添って発言することがクレーム処理にはまず大事なことです。

そこで、フランスの小噺《こばなし》を一つ。高級帽子店に大金持ちの気位《きぐらい》の高い奥様が入ってきました。「このあいだ、白い帽子と言って買っていったこの帽子、本当は真っ白じゃないじゃないの。もっと白いのを出してちょうだい」。

店員は、「かしこまりました、奥様。今、ただちに倉庫を探します」。コーヒーをお出しして丁重におもてなしをしておいて奥に入った店員は、六分後に一つの新しい帽子を持って出てきました。「奥様、先ほどのより少し白い帽子が見つかりましたよ。こちらでいかがでしょうか」。「あら、ありがとう。さすがにあなたは丁寧ね。老舗《しにせ》だけあって、お客に真心を尽くしているのは立派なものよ」。

奥様は意気揚々とこの帽子をかぶって帰りました。なんとその帽子は、このあいだ奥様が買った帽子とまったく同じ色番号の、二つ一緒に並んでいたうちの別の帽子だったのです。もちろん色合いはまったく同じです。

クレームをつける人は自分の気持ちをよく聞いてほしいと思っています。それをよく聞いてもらえたときに、相手がこんなに聞いてくれたという信頼感に変わっていくのです。もちろん、改善すべき点は改善しなければいけませんが、よく聞いて相手の性格や心情を読む聞き方と質問のしかたができるだけでも立派な解決策になります。

対立を力に変える質問技法

第一章の冒頭で、日本に長く駐在していた元アメリカ大使のライシャワー氏の言葉を引用したのを思い出してください。日本人の議論は「腹思考」であり、ぐるぐる同じところを回ってとぐろを巻いていて、なかなか「正、反、合」という西洋の思考方法のような上昇的結論に至らないという指摘でした。

もしもそのような中でいったん対立する意見が出れば、議論ではなく一気にケンカになってしまうのも特徴です。

仕事では意見がちょっと食い違うということは、頻繁《ひんぱん》にあることです。そのたびにちょっとした対立がケンカになってしまっては、どうにも効率が悪い。パフォーマンス学では二人の人間の対立を含むやりとりのプロセスを、分離（breach）→危機（crisis）→繕い直し（redressing action）→再統合（reintegration）と呼びます。

この四つのプロセスの中で、意見がちょっと食い違うというのが「分離」です。私たちは相手と何か違う点があれば、それについて質問をします。でも、そこでよい答えが返ってこないと話は決裂し、「危機」になります。ケンカになったり対立したりするというわけです。お客様であれば、違う店に行ってしまうのもこのときです。しかし、ここで上手な「繕い直し」、つまり相手の反対意見をよく聞いて、その内容を取り入れると、前よりもより強固な結びつき、「再統合」が誕生するというわけです。

私の親しい外車販売の営業のIさんの話をしましょう。Iさんが私にこう言いました。

「アヤコ先生、十年も同じベンツに乗っていないで、そろそろ買い替えてくださいよ」

これが彼のPOS（Point of Suggestion）、提案です。

さて、一般的な提案、つまり、プレゼンテーションがどのようなプロセスで進んでいくのかを、私の『プレゼンに勝つ！「魅せ方」の技術』（ダイヤモンド社）から紹介しましょう。

POS、提案のポイント↓相手のメリット↓支持材料↓提案のまとめ↓質疑応答。

最初のプロセスでは、まず提案の的を絞ることが大事です。次に、その提案を相手が受け入れたときにどんなメリットがあるかを具体的に示します。支持材料（supporting material）とは、そのメリットが本当に有効かどうかという証拠立てであり、過去の実績やさまざまな数字がここで必要になります。それをうまく示したうえで最後に提案のまとめをし、相手の質問を受けるという具合です。

Iさんに戻りましょう。Iさんは私に車の買い替えを勧めたのです。そのメリットは、カッコよくて乗り心地がいい、今キャンペーン期間で下取り価格がいい、だから私が得をするというものでした。

その支持材料が、十年乗ったベンツでもおよそこれぐらいの価格で下取りができる、燃費も今乗っているものよりも二〇パーセントほどよくなる、さらにカーナビも新しくなって、より見やすくなる、というものでした。だから買い替えがお勧めだと彼は言ったのですが、私はこの全部に反論しました。

「別に車でカッコよく見せようなんてちっとも思っていないわ。だから、ニューモデルじゃなくてオールドモデルで結構。下取りが高いですって？ でも、車を買わなければタダじゃない。燃費が悪いのは承知のうえで乗ってるから全然かまわない」

というわけで、Iさんは私のすべての反論にさらなる反論を返すことができなくて、「ああ、しょうがないな、アヤコ先生は。まったく話にならない」と頭を抱え込みました。

でも、そのIさんが私の友人のOさんにはちゃんと車を売ってきました。Oさんは、Iさんが出した「下取りの価格が今キャンペーン中で高い」ということに対して、「もっと高く下取りする会社を別に知っている」と反論したとのこと。「だから、君の話には乗らないよ」とここで話が終わりかかったのです。

でも、Iさんはめげませんでした。「その別の会社の下取り価格を教えてください」と言ってそれを聞き出し、「なんとか自分も、自分の会社で同じ下取り価格が出せるように頑張ってみます」と言ったうえで、ほかのメリットをいっぱい付け加えたのです。今ならば記念イベントで出しているロゴ入りのフリースを、Oさんのみならず、奥さんにもお揃いで二着持ってくること。「おそろいのフリースでこのベンツに乗ったら、ちょっと面白いでしょう？」と笑わせました。

そしてさらに、「自分は家が近いから、通勤途中でときどき顔を出してみます。もしもちょっとでも調子が悪いことがあったら、その日のうちに僕が必ずフォローします」とアフターサービスを強調し、あとは、Oさんが毎月乗っている距離に燃費一リットルあたりのコストを掛け算し、一ヵ月でガソリン代がこんなにも違うと言ったのです。

それにも、「国産ならばもっと燃費のいい車がいくらでもあるじゃないか」とOさんは反対意見を言いました。ところが、それについてIさんはこう言ったのです。「たしかにそうですね。燃費の点では国産車のほうがいいのがたくさんありますよね」。さらに、「カーナビだって国産のがいいぞ」に対しても、Iさんは否定しないで、「本当にそうですよね。たしかにうちの新しいベンツよりもさらにいいカーナビをつけている国産車は、ほかにもあると思います」。

さて、そのあとです。

「お気持ちはよくわかりました。でも、今Oさんが乗っていらっしゃるBMWを取り替えて国産車に乗るって本当に思ってらっしゃいますか。Oさんにはベンツがやっぱりお似合いなんですよ」

結局、IさんはOさんのイメージにまつわる発言をしたわけです。でも、燃費のことやカーナビのことを否定したわけではありません。それはそれで受け止めました。しかし、イメージはやっぱりOさんにはベンツが似合うのだという、対立の中から違う結論に導いていったのです。提案のまとめ、質疑応答の結果、結局Oさんはニコニコして新しいベンツを買い、なんとご夫婦お揃いのフリースとステキな帽子も手に入れて、次のゴルフでは私をその車に乗せてくれると楽しそうに話したのです。シビアな値段の話がそのときは笑い話になっていました。

相手を押し切ろうとするのはNG

意見の対立はどこにだってあります。もっと深刻なものもあります。私が出席している教授会でもよくある話です。ある指導教授が自分の指導している学生の博士論文をこの会議で通したいとファイトいっぱいで臨んでいます。ところが、そのプレゼンテーションを聞いて、どうしてもこれは通せないと思うときがあります。

そんなときに誰かが、そのテーマの絞り方が曖昧《あいまい》であるとか、論文のテーマに対する支持材料は、実際にはテーマの正当性をサポートしていない、つまり支持材料と研究成果とのあいだに乖離《かいり》があるなどと細かく反論します。

すると、指導した教授がムッとした顔をして、「そんなことはない」と反論をしてくる場合があります。けれど、そのときに、

「いや、もう一度よく見てみてください。今お返事いただかなくて結構ですから」

と言うと、たいがいは「そうですか」と言って、その場は終わります。そして後になって、

「いや、やっぱりここに矛盾がありましたよ。これは訂正させて出すことにいたします」

となります。

対立意見があったときは、相手を押し切ろうと思ったら絶対にケンカになります。相手の言うことは十分に受け止めて、

「でも、ほんの数分時間を置いて考えてみてほしい」

と言ったり、前項のIさんのように別の視点からのメリットを出すことで、対立から新しい話が生まれていきます。

そもそもどんな話し合いであっても、正式な場ではまったく対立をしなかったのに、陰で反対したり、いきなり拒否のところに手を挙げたりする人がいます。そういう人は対立自体がこわいのです。実際には対立したほうがさらに問題点が明らかになっていいのに困ったことです。もしも対立したら、対立意見にしたがって、問題をどう処理するかを考えていったらいいのです。対立をこわがらず、対立の中からよりよい合致点を探っていきましょう。

自分を偉そうに見せてはいけない

ロサンゼルスのヒルトンホテルで、異文化間で活躍するビジネスマンたちのために講演を

したときのことです。テーマは「人間関係作りのパフォーマンス学」。その会場に向かうエレベーターの中に、なんだかずいぶんと周りに対して攻撃的な雰囲気を撒《ま》き散らしている真っ赤なスーツ姿の女性が乗ってきました。ふと、もしかしたら私の講演会場に行くのかなと嫌な予感がしたら案の定、会場に入った私の目に、前列中央に座った彼女が見えたではありませんか。

講演では、第一に、場に応じた自己表現のあり方を考えることが大切であり、第二に、それには自己コントロールが必要なこと、第三に、相手の心のあり方をとことん非言語で読み取りながら、聞く時間が必要である、という趣旨で話しました。終了後に司会者が、「ご質問は」と言ったら、彼女が真っ先に手を挙げました。

しかも、お立ちくださいと言ってもいないのに立ち上がって、会場全体のほうに顔の向きを変えて「私の名前は○○です」と名乗って、もう一度私のほうに向きを変え、「対話の『場』の特徴に合わせようなどと言っている場合ではありません。アメリカは弱肉強食の世界。自分の言いたいことを真っ先に言ったほうが勝ちで、黙って聞いている間にどんどん人に置いていかれます」という趣旨の発言をしました。

問題はその質問の内容ではないのです。彼女はその前に、自分はロサンゼルスで日本語学校を十二年間経営していて、生徒が六十人もいること。その生徒の中にはビジネスマンとして活躍したり、弁護士や医師として成功している人たちがいる。その人たちはみんな自分が聞くよりも、とにかく何を話そうかと出かける前から話を作って出かけている。すぐれたビジネスマンには、そういう心構えが必要ではないか、と言ったのでした。

会場全体がシラー。なぜシラーとしたのかと言えば、まず第一は質問に至る前の彼女の自己紹介のところ、つまり話の前段が長すぎたのです。自分は何々であり、今日も忙しい中をこの会場にやってきたとか、訊いてもいないのにさまざまなことを言ったのですから。これは質問をするというよりは完全なる質問者の「自己顕示欲求」の表現です。質問する自分を偉そうに見せたいという気持ちが言葉にも顔の表情にも身振り手振りにも溢れ出ていたので、聞いている人たちが辟易《へきえき》したのです。

私はもちろん、ただ終始聞いてだけいろと言ったのではありません。よく聞くという基本作業をちゃんとやるから自分の主張ができ、聞くことによって相手との信頼関係ができ上がっているからこそ、相手もこちらの言い分をちゃんと聞いてくれるという内容でした。それを「コントロールの利いた自己表現、つまり自己呈示（presentation of self）」として話したのでした。

つまり彼女の質問には、講演の中で答えてあったのです。きっと彼女は自分が何を質問するかを考えるのに夢中で、私の話ははっきりとは耳に入らなかったのでしょう。

さて、この講演では主催者が幸いにもアンケートを配ってありました。あとになって送られてきたアンケート結果を見て、ホッとしたり笑ったりすることになりました。講演の内容のいくつかが自分の仕事ですぐ使えると喜んでいる人がほとんどでした。その中の数人が、「あの質問者は一体何を聞いていたのだろう。最初からそれを言うつもりで会場に乗り込んできたんだろう」というような批判の言葉だったのです。

自分を偉そうに見せようという気持ちは、どうやら周りの人に伝わってしまったようです。その気持ちがあると質問の内容が的を外れ、自己顕示欲求だけがプンプンと匂うような質問の前置きが長くなります。前置きはほとんどの場合、名前だけで結構です。そして、

「お話しいただいてありがとうございます。質問が一つあります」

あるいは、

「質問が二つあります」

というように、きちんと的を絞って箇条書きで質問しましょう。そのほうが聞いていた人

たちが「よい質問だった」と納得します。

上手に「NO」と言う「Yes, and」の答え方

ビジネスコミュニケーションについて長年研修会をしてきたという、大手化粧品会社のN部長から「あらためてパフォーマンス研修をしてください」と頼まれました。その理由が、「この頃の社員の中には、以前とは違うタイプの扱いづらい人が増えている」と言うので聞いてみると、具体例として中堅どころの社員のTさんとのやりとりを話してくれました。

N部長「この残業やっといて」

Tさん「はい、わかりました。でも、今、別の仕事が立て込んでまして。あとじゃまずいですか」

N部長「あそこのO部長に会って、次の企画の賛助をしてもらえるか、ちょっと最初の感触をさぐってきてくれない？」

Tさん「はい。だけど、あの部長、なかなか手ごわいですよ」

やりとりをパッと聞くと、何だかTさんはその仕事をやりたくないような感じがします。でも結局、Tさんはその仕事をやらないのではなくて、最終的にはやると言うのです。ただ、言い方がおかしいのです。なるほど彼が使っている文章は文法的には正しいのです。前半が「わかった」とか「聞いた」とか言い、そして、「しかし、できない理由がある」とそのあとに否定的な内容を言うのですから、「Yes, but」の言い方で、前半と後半を結ぶ接続詞は「but」で当たっています。

問題は、彼がその言葉を聞いた相手の気持ちをまったく考えていないことです。これを聞いた人の心の中に残るのは、文章全体の内容よりはむしろ、中間に出てきた「でも」「しかし」「だけど」「お言葉ですが」「とはいっても」などの逆接の接続詞の印象なのです。「逆接言葉」が出た段階で、多分このあと反対の言葉を言うだろうと話し手は身構えます。これがまったく相手との信頼関係や好感的関係を作るうえでは逆効果なのです。なぜならN部長は、

「まったくTは性格が悪いんだよ。いつだって『だけど』だとか、『しかし』だと言うんだからね」

と言うのです。

ではどう言ったらいいのでしょうか。こう変えましょう。

「はい、わかりました。そして、この仕事が終わったらすぐにやっておきますね。もしも、ちょっとだけ時間が遅れたらすみません」

どこかの部長さんに会いに行く話については、

「はい、わかりました。それで、あの部長はけっこう手ごわいですから、誰かもう一人つけてもらってもよろしいでしょうか」

これならば「性格が悪い」なんて絶対に言われません。本当は、「Yes」と言って実際にはその後ろにできない理由が来るのですから、文法的には「Yes, but」が正しいでしょう。しかし、相手への印象を考えたら、「Yes, and」の答え方をしてほしいのです。相手の話を聞いたあとの上手な訊き方や話し方ができるかどうかは、この文体を使いこなすことにかかっています。

ポイントを絞って訊く

某テレビ局で、橋本《はしもと》龍《りゅう》太《た》郎《ろう》氏が首相だったときの記者会見のやりとりを分析するように頼まれて、何本かの彼のスピーチを分析した私は、本当にビックリしました。たとえば記者が橋本さんに何か質問をしたときです。それに対する答えが、「あなたがそのように言われると、そうではないと言えないこともないのではないかと思わないでもありません」

それを聞いた記者が「？」と言いたげな表情を浮かべたのは言うまでもありません。

橋本龍太郎氏は気持ちが繊細な人でした。だから、相手を傷つけたくないと思い、つい相手からの問いに対する切り返しが持って回って長々しくなったのでしょう。プレゼンテーションのワンセンテンスも非常に長く、Ａ４の普通の用紙にテープ起こしをすると、一つの文章が五行にわたってやっとマルがつくということもよくありました。一文がこんなに長いと、聞いた相手はたいがいの場合、彼の主張のポイントも質問のポイントも答えのポイントも、結局どこにあるかわからなくなってしまうのです。

質問は短く訊き、質問に対する答えも短く端的に答える。とくに現代は忙しいので、この話法が大変重要です。加速度的に忙しくなっている現代という時代を考えれば、たとえば橋《はし》下徹《もととおる》大阪市長のようにワンセンテンスが非常に短いプレゼンのしかた、答え方が人気があるのも頷ける気がするのです。小泉進次郎氏の受け答えもワンセンテンスが短く、ＰＯＳ(Point of Suggestion)は絞り込まれています。

まだ記憶に新しいところで言えば、放射能漏れにまつわる当時の官房長官、枝野幸男《えだのゆきお》氏の話し方も、本当に頭が痛くなるほどポイントがどこにあるかわからない話し方でした。某記者が記者会見で「最悪の事態はありえるのか？」という質問をしたとき、枝野氏は、「最悪の場合が何であるかということを常に考えれば、最悪の場合というのは常にある」

これにもまた会場中がしらけました。最悪の場合はあるかないかと訊いた記者はもちろん、ここでの話題は放射能漏れでしたから、放射能漏れがあるのかないのか、答えはイエスかノーかです。しかし、「こう考えた場合はこういうこともあるかもしれない」と言われたのでは、考え方が百あれば答えも百あるということで、まったく絞られていません。

そこで二局のテレビ局から依頼をされて、枝野氏の一連の発言を分析していた私は、思わず「枝野る」という言葉を使いました。この造語がけっこうたくさんの人に広がったのは、ポイントがどこにあるのかわからず、相手のポイントもずらし、自分のポイントもグダグダとはぐらかしていく枝野流の話し方の特徴にみんなが気づいていたからにほかなりません。

忙しい今のビジネス界では、とくにポイントを絞らずにグダグダと何を言っているかわからないような会話はやめにしましょう。フロムが前に指摘したとおりです。「そんな話をするならばゾンビと話したほうがましだ」と言われかねません。

質問を短く簡潔にする技術

ビジネスマン対象の講演をお引き受けすると、大概の場合、「質疑応答の時間を十分ほど取ってください」と言われます。質疑応答の本来の目的は、その質問によってより明確に話の焦点が絞られ、会場の皆にメリットをもたらすことが条件です。だから自分の自慢話や自分のご意見ばかり長々と申し上げます調になれば、誰だって辟易します。

限られた時間の中で短く簡潔に質問し、そのことによって講師の論旨がより鮮明になるための質問の条件は、次の三点です。

（1）レジュメや予告プログラムがあった場合、これだけは訊きたいという点があれば、前もってそのことを簡潔な文体で用意する。

（2）その場で訊く場合は、自分一人に有効なものではなく、ほかの聞き手とも知識の果実を共有できるものにする。

（3）自分の意見を出して、それが正しいか問う場合は、自分の意見を箇条書きに整理して短く言う。要するに知識の見せびらかしにならないようにする。

以上の三点が守られれば、質問が長くなるわけはないのです。第一の事前の準備については、この講演に対してこれが不思議である、これが訊きたいということを頭の中ではなく、箇条書きで紙に書いて用意することをお勧めします。

第二の共有性については、たとえば社員教育の話であれば、うちの社はこういうトラブルを抱えていて、これに困っていると質問して、講師がそれに対して意見を返しても、話題になったことがあまりにも特殊であれば、ほかの人はその答えを聞いても役に立たないわけです。そもそも、質問自体にも興味を持たないでしょう。アメリカの大きな会場などで、くだらない質問が出ると「ガタン」と椅子の音をさせて出てしまう人がいるのもこんなためです。自分だけの特殊問題に皆の共通の時間を使うことは時間泥棒になってしまいます。あとで講演が終わってから一人で講師に訊けばよいとはっきりと割り切りましょう。自分の知識をチラチラ見せたい気持ちをコントロールするのが、いい訊き方の条件です。

三番目の箇条書きは、自分のやり方が正しいかどうかと問う場合ですから、訊かれた講師が助かります。その質問者が何を言ってるかさっぱりわからないようでは、会場の共通時間がまったく無意味になってしまいます。

「今の話の中からこの三点が疑問であり、その三点について自分はこのような見識《けんしき》を持っているけれど、その見識でよいのか」

という問い方にしましょう。

実はこれについては、さらに講師側はその質問を聞く技術が必要になり、質問者があまり三点、四点、五点と並列して述べた場合は、途中で口を挟むほうが有効です。「今のご質問は、まず最もお聞きになりたいことを一点先に言ってください。なかなか一緒に答えにくいので、それが終わってから二点目、さらに三点目と分けて発言してくださいますか?」。こう言うと質問者はハッとします。自分があまりにも自分の都合だけで質問し、相手の迷惑にどんなに無頓着だったかということに気づくからです。

あえて「聞き流す知恵」を持て!

会社の企画会議などで、自分よりはるかに職歴が浅く、力のない人が企画を発表する場合があります。ベテランのあなたが聞いていると、きっと言いたいことはいっぱいあるでしょう。文句や注文もたくさんあることでしょう。そこでつい、「これとこれとこれの三点も抜けていて、それでは企画としてまったく成り立たない」と手厳しく追及する人がいます。

自分の正義感ゆえに、力のないプレゼンを許せないと思っている場合もあるでしょうが、つい自分のほうが知識が多いと、待ってましたとばかりに、本当は聞く場面なのに自説を展開する場面に曲げてしまう人がいます。実はこれは端から見ていると、非常に見苦しい。見る人が見れば、「あんな力のないプレゼンターにむきになって、あれだこれだと述べ立てているのは、自分の知識の見せびらかしではないか」ということが見え見えです。

ここで一つ覚えておいてほしいのが、質問しないカッコよさを身につけようという提案です。明らかに相手の言っていることにはたくさんの抜けがある。落ち度もある。しかし、それはほかの誰の目から見ても明らかだ。そんな場合にわざわざ相手をそこで捻《ね》じ伏せる必要はないのです。「えい、武士の情けだ」と度量のあるところを見せて、

「まだいろいろ欠けているように思いますが、個人的にあとでお話しします」

と言ってみてください。なんとカッコいいことでしょうか。

そして、後ほど誰もほかの人がいないところでそのプレゼンターに直接に、「ここところはどうなんだ」と訊き、補完するべきは補完してあげたらいいのです。後輩からはるかに感謝されます。

実例で恐縮ですが、私は博士論文の審査のための教授会に毎回出席します。提出者は博士

課程の学生であったり、他大学ですでに教職についている教員だったりするのですが、いずれもその分野で専門的な知的レベルのトップを目指し、博士論文を一生懸命書いてくるわけです。

論文を出した人ががんばった場合でも、すでにその分野を専門職として、すなわちプロフエッション（専門）を持つ人、つまりプロフェッサーとしてやっている人間から見れば、まだ足りないところはいくらでもあります。そこを待ってましたとばかりに論文執筆者に対して「あそこもおかしい、ここもおかしい」と滔々と言う教授が時々登場します。

中には感情的に、「その考え方ではまったくダメだ」と言いたげな顔で発言する人もいます。これこそ度量が小さいというものでしょう。

「この点とこの点について足りないと思います。一度再考してください」

と言えば十分なのです。

質問したいなと思っても、相手が自分よりも明らかに力がない場合、あえて聞き流す知恵が持てれば、本当に大人の聞き手が誕生します。そのほうが周りからも尊敬されるのです。

第五章　仕事も人間関係も豊かにする、生産的に話す技術

「私は人々に話すとき、彼らが何を聞きたいかに三分の二、自分が何を話したいかに三分の一の時間を使う」

（リンカーン）

より深い感情移入で相手を探る

日本で地方議員の選挙や国会議員の選挙が始まると、街角で連呼《れんこ》される声があります。

「皆さん、最後のお願いです。ぜひ○○をよろしくお願いします」というものです。

ところが、これは鈴木さんが言っても山田さんや佐藤さんが言ってもみんな、「最後のお願いです。ぜひよろしくお願いします」なのだから、聞いているほうは面白くもおかしくも何ともなく、ただ、またいつもの選挙にまつわる騒音がワーワーとやかましいとしか感じません。

では、候補者たちがきちんと自分の趣旨を話しているかとなれば、なるほど明確に話しているようです。二〇一二年の年末の衆院選では、「卒原発」だとか、「脱原発」だとか、「反原発」だとか、「原発維持」だとか、わかりやすい言葉で言っていましたから。ただし、それは彼らが自分の言いたいことを一方的にまくし立てているだけです。だから、道行く人は立ち止まりもせず、「騒音に多少の内容が混じっているのだろう」ぐらいの受け止め方です。

なぜでしょうか？　それは、これらの下手な演説者が、まったく聞き手の気持ちに思いを致さず、言及もしていないからです。

これに対して、この章の冒頭でご紹介したリンカーンのように、欧米の政治家は徹底的に相手が何を聞きたいかに対して最も気を遣って話をします。だから、当然相手はその話を聞くわけです。聞きたい話が耳に届くのですから。

たとえば二〇一二年のオバマ氏とロムニー氏の大統領選挙でもそうでした。低所得者が多い地域で彼らが何を聞きたがっているか。徹底的に聞き手の気持ちになって、雇用を確保したい、生活水準を上げたい、収入を上げたい、お金持ちだけがさらに裕福になるのは不公平だ、もっとよい場所に住みたい、就職したい――。そんな彼らのバックグラウンドに対してアピールすれば、一番よく聞かれるわけです。

人々の声をよく聞いて、他者を理解することが話し手の一番の成功策です。そのための一番の解決策は、当然前もって一人ひとりに「あなたは何を考えていますか」と聞くことです。でも、そんなことは現実問題として不可能でしょう。

では、どうしたらよいのか？

ここで私のパフォーマンス心理学が何よりも役に立ちます。再三お伝えしたように、言葉にならないその人の気持ちは、すべてその人の外見に表れているのです。顔の表情、衣服、靴、持ち物、居住地、さらには言葉のボキャブラリー、友人関係、人間関係、経済力……。そういうバックグラウンドはすべて、目の前にいるその人の顔や声に表れているわけです。

そのことを注意深く見れば、今、彼らがどんな気持ちでいるかがわかります。その気持ちに深く感情移入できた人が、相手の聞きたい話を自分の口から紡ぎ出すことができるのです。間違いなくこれが一番の話し上手です。

聞き手の熱心さは相手に伝わる

あまりよいたとえではありませんが、あのヒトラーを思い浮かべてください。ヒトラーの呼びかけのほとんどには、ドイツ人の頭のよさ、血統の優れていることに対する称賛の言葉がスピーチの早い段階で必ず入っていました。

「ドイツの優秀な青年たち、君たちの知性をさらに輝かせるために」

「美しいドイツの同胞よ」

　このような言葉を彼はちりばめたのです。だから、人々は聞こうと思いました。ドイツの民衆の持っている、「人より優れている」という誇り高い感情に、彼は見事に感情移入したわけです。

　そのような感情のこもった言葉を、彼は両腕を大きく振り上げ、指揮者のように手のひらと指を大きく動かして声を張り上げ、語りかけました。これが人々を夢中にさせた彼のテクニックです。

　私たちの仕事の場では、実際に目の前にいる人と話すときに、その人がこれまで三十年、四十年、ときには八十年と暮らしてきたバックグラウンドをすべて理解することは不可能です。相手の感情についても、たとえば悲しみの中にちょっとした喜びが混じっていたり、つっぱって元気よく見せている陰にほんの少し弱気が混じっていたりするように、人間の気持ちは非常に複雑です。だから実際には、百パーセント他人に感情移入することは実は不可能なのです。

　ただし、相手はあなたを見たときに、「目の前のこの人は私を理解しようとしている、私の気持ちをわかろうとして努力してくれている」ということについては、必ず気づきます。

聞き手の熱心さを私たちは、本当に敏感に正確に感じ取ることができるのです。よく犬好きには犬がなつくと言いますが、人間でも同じです。自分のことを真剣にわかろうとしてくれている、理解しようと努力中である。相手にそう感じてもらえるだけでも、あなたの感情移入の第一歩は成功しているのです。

それができなくて、自分の都合だけで話をした失敗例を一つご紹介します。またしても私の友人である車の営業マンのIさんです。彼は、たまたま修理のために、買ってから六年目のベンツを持ち込んだクライアントのYさんに、今度出たエコカーでもある新車二台について、熱心かつ詳細に比較して、この中の一方がYさんに合っていると、パンフレットを見せながら二十分ほど説明しました。Iさんが、さんざん両方の車の比較を話したあとで、Yさんはこう言ったそうです。「せっかくですが、両方とも買う気がないんですよ。なるべく質素に節約しながら暮らしていかないと。いずれ自分の持ち家がほしいと思って貯金中ですから。このベンツも売却したいくらいですよ」。

Iさんはぎゃふん。「結局、あなたはあれこれまくし立てるけれど、私の気持ちをちっともわかっていないですね」と本当はYさんは言いたかったのでしょう。もちろん、Yさんはそこまではっきりとは言葉に出さなかったに決まっています。何度も書いたように「本当の気持ちは語られていない」のです。

「いつも」と「みんな」で誇張しない

子供は「みんな持ってるよ。僕だけが新しいスマホを持ってないんだ。これじゃ仲間はずれになってしまう」と言うように、たった一人か二人しか持っていないものでも、すぐに「みんな」と言います。

努力が足りないセールスマンも同じような言葉を使います。いくつかの家庭を訪問して、「奥さん、この程度のセキュリティは皆さんつけているのですよ。お宅だけですよ、何もしないなんて。不用心だと思いませんか」という具合です。

ここでの「皆さん」が山田家と田中家と鈴木家だとは、彼は決して言いません。だって調べてもいませんから、言えないではありませんか。

妻から夫にもよくこの手の誇張表現が使われます。「あなたっていつも家事をしないじゃない？　私だけがいつも家事をやっている。そんなとき、あなたはいつもゴルフに行ったりヨットに行ったり。一体どうなっているの？」というわけです。ここでの「いつも」が何日間の中で何回なのかは決して語られません。

こんなときに、本当に相手ときちんと議論する気がある人ならば、きっと『いつも』って何回？」とか、『みんな』って何さんの家と何さんの家？」という質問をして逆襲したことでしょう。今この例で私がお伝えしたいのは、「いつも」や「みんな」という総称的言い方で、きちんとした数字やパーセンテージを出さずに会話をする癖のある人は、どうぞここで改めていただきたいということです。

「いつも」や「みんな」を使う人は、あまり確かな話すべき内容を持っていない、自信のない人だと判断されてもしかたがないからです。さらには、自分一人の主張では説得力が足りないので、「みんな」という目に見えない大勢の仲間を背後につけることで自分の主張を通そうという意図も見え見えです。

会社で部下を叱るときにも、「いつも、いつも君はサボるんだから」と言ったら、部下は決して口には出しませんが、「部長、『いつも』って私はこの半年で一日しか有給を取っていませんよ」と言いたい気持ちをグッとこらえているということに気づいてください。「いつも」と「みんな」を使うのは小さな子供だけに任せましょう。

主張が通る「アイメッセージ」

欧米人とディスカッションする場合と日本人とディスカッションする場合で、最大の違いの一つに「迎合性」の問題があります。

自分が本当に言いたいことは誰しも心の中に持っています。そして、たとえば賃上げ要求でも、こちらが控えめに言ったら、相手がそれを汲《く》み取って、「控えめに言っているけれど、本当はもっと高い賃金でやりたいのだろうな。だったら賃上げしてあげようか」と思ってくれれば問題はないのです。

ところが、聞き手があまり相手に感情移入ができず、かつ、さらに悪いことに、非常に感情コントロールが下手な人であれば、「何をグチャグチャ言ってるの？　どっちでもいいことで時間を取るのはやめてもらいたい」などと、はねつけてしまったりもします。

この場合でも、自己主張に慣れている欧米人ならば、「私の言い分をちゃんと聞いてください」と言い返してくるでしょう。でも多くの日本人は、そのときに自分の本当に言い返したいことを言わずにお腹の中にため込んだまま、なんとなく結果的には相手に合わせてしまいます。これがＮＯと言うべきところでＮＯが言えない日本人の自己表現の典型です。

たとえば私のセミナーに来ているDさんは非常におとなしい男性です。彼は情報会社に勤めるSE（システムエンジニア）なのですが、すでにいっぱい仕事を抱えているのです。でも、社長曰《いわ》く、「次期社長はもう君と決めているんだから、勉強だと思ってしっかり頑張りたまえ」と飲みに連れていってくれたり、プレゼントをくれたりします。ほかの人のいるときにもその言葉を使って、部長職の人などに「彼をよろしくね」と言ったりもします。

Dさんは内心、いや、そこまで期待されてもと思ったり、今日は飲みに行きたくないなと思ったりもするとのこと。でも、NOと言うのも角が立つだろうというわけで、小さな声で「はい」と言います。迎合したわけです。この迎合性は、第一章で述べた集団主義文化の中で暮らす日本人のコミュニケーションパターンの中でも、とくに世界的にも知られているものです。まったく内心納得できないのに、ときには言葉で「はい」と言うだけでなく、顔でフフッとお世辞笑いを浮かべたりもします。

しかし、もう一度考えてください。

私たちが人の話をきちんと聞く努力をすることは、結局のところは自分の主張をも伝えるためなのです。誰でも自分自身の気持ちを伝える権利がある。この大筋にもう一度立ち戻ってほしいのです。

そして、今聞いたことに納得できないと思ったら迎合してはいけません。本心としては「失礼ながらそれは違います」と言ったら、さぞかしすっきりすることでしょう。でも、殊に日本では相手の面子をつぶしたり、相手に新しい挑発をしかけたととられかねません。

そんなときに大変重宝する言い方があります。「ユーメッセージ」から「アイメッセージ」への転換法です。

たとえば、「あなたは期待しすぎだ」とか「あなたは決めつけている」と言えば、文章の主語は全部ユー（YOU）です。それをすべて「私がどう感じるか」というアイ（I）メッセージに変えてみませんか。たとえば「そんなに期待されると、僕は困ってしまいます」。そうすると、条件節の期待している人は「ユー」ですが、文章の主節である全体の主語は「アイ」です。困っているその人は「アイ」です。何か大変なことを一人でやらねばならないときに、「もしも手伝う人をつけてくだされば、僕はうれしいです」。これも条件節で手伝う人をつけるのは上司ですが、うれしいと言っているのは自分の気持ちです。

本人が困ったり、うれしかったり、ありがたかったり、感謝したりしているその気持ちについて人がとやかく言う権利は何もありません。あなたには自分の気持ちを伝える権利があるのです。だからその気持ちをアイメッセージに置き換えましょう。

「あなたがそう言うのはおかしい」

と言うのではなく、

「もしあなたがこのようにしてくれたら、私はうれしい」

というように、アイメッセージに置き換えてみてください。自分の主張がすんなりと相手に聞いてもらえること請け合いです。

さて私の社会人セミナーで、このアイメッセージの練習をしたあとで、実際にあった楽しいやりとりをご参考に一つどうぞ。

生徒「アヤコ先生、次の試験は難しい問題を出さないでください」（ユーメッセージ）
私「皆さんが今日まで一年間のテキストをしっかり復習してくれれば、きっと楽勝だろうと私は安心していますよ」（アイメッセージ）
生徒「先生がやさしい問題を作ってくれたら僕たちはうれしいです」（アイメッセージ）
私「あらまあ……、上手ですねえ、皆さんは……」

初対面でうまくやる、自己開示法

中堅どころになって、しばらく会社のためにバリバリ仕事をしてきた四十九歳のTさんは、あと一年で五十歳という今の年齢を考えたとき、配置換えや定年などという言葉をなんとなく切実に感じるようになってきました。そこで、同僚のNさんにこう言ったのです。「若いと思っていたら、今や僕もアラフィフだ。バリバリやって海外出張でも何でも引き受けたいところだけど、なんだか体力が落ちてきているような気がするなあ」。

それを聞いたNさん、「そうなんだね。僕は今、五十歳だけど、たしかに去年ぐらいから、なんだか出張の翌朝は、会社に出てくるのがつらいよ」。

ところが、そこにいた三人目のMさんだけがだんまりを決め込んでいます。実はMさんは、Tさんよりも年齢が二歳、Nさんよりも一歳上の五十一歳なのです。せっかくMさんと親しいTさんが、Mさんを初対面のNさんに紹介してあげようと思って三人の食事の場面を設定したのですが、一番最初の話が偶然年齢の話で、ちょうどTさんとNさんは、似たような自分たちの年齢における体調と仕事の話で盛り上がったのでした。「君は？」と二人から聞かれたMさんは、「ああ、出張ですか。なるほど体力ねえ、たしかに大変ですねえ」などと答えたのですが、なかなか自分が何歳であるかの口を割りません。

女性だとこの手の年齢話は、自分が何歳かを開示しない人はたくさんいるのですが、男性ではあまりない珍しい例です。そのせいか、Mさんは初対面の人となかなか仲良くならないというのです。

その理由はパフォーマンス心理学における大きなルールを考えるとよくわかります。パフォーマンス学での鉄則の一つが、

「自己開示なしの他者開示はない」

というものです。とくに初対面の場合はそうです。たとえば「うちではこういう製品を作っていて、今これだけ利益を上げているんだけれど、一つ問題点があって、それはこうなんだ」というのが自社側の情報開示です。それを聞けば、「ああ、ではうちで作っているこの製品が役に立つかもしれない」と聞き手が反応したり、あるいは、「今いいアイディアはないけど、○○社の課長を紹介しますよ」となったりして人間関係が広がっていきます。

自社の情報についてもこのとおりなのです。人との話は、相手のことを知りたければ、まずは自分のことを開示せよ。これがルールです。そうせずに初対面で相手に対してだけ「あなたは何歳ですか」「あなたはどれだけ所得がありますか」「何を作っていますか」と質問攻

めにしていけば、警察の尋問と同じになってしまいます。

まず自己開示すれば相手も開示してくる。これは、前の章で述べたさまざまな「聞き方の互恵性」とまったく同じことです。よく聞いてくれる人の話をよく聞きたいと思うのと同じように、自分のことを開示してくれる人には、聞き手もまた自分のことを開示したいと思うのです。自己開示なしで心を開いたコミュニケーションは始まりません。これは心の通うコミュニケーションをするための最初の一歩です。

相手の言葉を言い換える

序章で述べた日野原先生の例を思い出してください。私がこれからメディカルパフォーマンスを開始したいと言い、そのメリットを述べたときに、先生が見事に三点にそれを整理された話です。

人から話を聞くと、それを聞いた人はまず何かフィードバックを返そうと思います。フィードバックはもともとは電気工事の用語から派生したものです。電気の流れの元に何らかの影響を与える返しのことを意味しています。コミュニケーションの中では、話し手に何らかの影響が返っていく返事がフィードバックです。相手が何かを話し、それを聞いた次の一言であるフィードバックの理想は、相手に何らかのよい影響を与えていくことです。よいフィードバックのメリットは次の三つです。

（1）話した人が「この相手は聞いてくれたな。関心を持ってくれたな」とホッとする。
（2）話し手が自説が整理されてスッキリする。
（3）話し手に対するフィードバックが見当違いのものであれば、「いや、それを言ったのではありません」と修正のチャンスが生まれる。

話し手の安心と話の明瞭化のために、相手の言葉を言い換えたり、まとめたりすることが有効なのです。それには、今、目の前で話している相手の言葉にしっかりと耳を傾け、理解しようと努力する必要があります。そして、おそらく相手はこのことを強調したいのだろうという言葉をもう一度繰り返して、「あなたはこのことを言いたかったのですね」と言えば、相手の心には、理解されたという快感が生まれてくるのです。

もしもそのとき、言葉の言い換えを相手が使った意味とまったく間違えて受け取っていたりすれば、逆に快感ではなくて、「この相手で大丈夫だろうか」という不安感も生まれてしまいます。したがって耳を傾け、よく聞き、聞いた言葉を「あなたはこう言いたかったのですね」と言い換えて繰り返してあげるだけでも、二者の関係はよくなっていくのです。

そのときに、質問の形を借りて微妙に自分の主張に言い換える悪い癖は発揮しないでください。たとえば相手が旅行の企画を提案してきたとします。そのときに、「今、御社が社員用に積み立てをしながらやっている旅行よりも、もっといい旅行プランがありますよ」と相手が言ったとしましょう。そのとき、聞き手の心が、サッサと帰ってもらいたい、断りたいと思っていれば、きっとこんなフィードバックを返しがちです。

「今までのうちの旅行のしかたが何か間違っていたというんですね？」

これはもう質問の形を借りていますが、ケンカをふっかけている、文句をつけている、反対意見を言っていることになります。両者の関係がよくなる話のやりとりは、相手の言葉をそのまま繰り返したり、整理したりしながら、上手に自説の展開に持ち込んでいくことです。

共感抜きの励ましと助言は逆効果

電車の吊《つ》り広告のサラリーマン川柳、「無理するな無理するなと無理を言い」。同じことが私の親しい編集者のYさんの身に起きました。

彼は頑張って一生懸命仕事をしています。でも、ちょっとこのところ、上司が振ってくる仕事の量が多いのです。おまけに彼は一人っ子なのですが、ちょうど父親が亡くなり、母親も体調を崩しました。自分の結婚問題でもトラブって婚約解消になったばかりです。だから、当然、気分的には落ち込んでいます。でも、会社でそんな個人的な落ち込みを見せたらビジネスマンとしての沽券《こけん》に関わるという彼の誇りもあります。したがって、なるべく元気よくしようと思って仕事をしていました。

でも、ふとしたはずみにフーとため息が出たり、絶対に間に合うと周りから思われていた仕事がまったく間に合わなくなったことが続きました。そのとき、上司のEさんが言いました。「君、頑張ってよ。落ち込んでる場合じゃないんだから」。

Yさんはムカッときたそうです。父親が亡くなったことについては会社に届けていましたので、落ち込むと言えば確かに落ち込む理由です。ただし、婚約解消のことと母親が体調を崩していること、しかもそれには少々認知症の傾向が入っていて深刻な問題だということは話してありませんでした。それは一身上の問題であって、話す義務もないのですから。

上司のEさんはそこに気づくべきだったのです。

「お父さんが亡くなったばかりできっと疲れているんだろうね」

と、まずはねぎらいの声をかけたらどうなっていたでしょうか。

「そうなんです。そして、実は自分自身にもこのような問題があり、母にも問題があってトリプルパンチなんですよ」と、彼は言ったでしょう。それをよく聞いて、

「そうか、一つならともかく三つ巴《みつどもえ》はきついよね。自分も別の種類だけれど三つ巴の不幸の経験はあるから、その気持ちはわかるなあ」

Eさんがこう言ってあげたら、Yさんはもっと頑張れたのです。上司は自分の気持ちがわかってる。だから、今、どうも仕事が予定どおりに進んでいかないけれど、そこから脱出したときにきっと彼は理解してくれるだろう。

さらにEさんが、

「今ちょっとスローダウンしても、あとで取り戻せばいいからね。何か助けてほしい人手があれば、つけることもできるから言ってよね」

という助言をしていれば完璧だったでしょう。

目の前の社員や仲間の、ある一つのアンラッキーな出来事だけに目を留めて、それで、その相手をすべて理解したと思い込むのは大間違いです。本当にその人の身になって感情移入して聞けば、三つの不幸がどれほど重大なものかわかったはずです。その人の歩いている道

を今歩き、その人と同じような気持ちで外の景色を見て、同じような歩き方で電車に乗って会社に来る。そこまで相手の毎日のプロセスの場面一つひとつに思いを致すことが、本当の傾聴と共感です。

私自身も取り返しのつかない失敗をしました。しかも、自分の母親に対してです。母親は若い頃、大手電機会社のミスコンに入賞するくらいの美人で評判の人だったのですが、七十九歳で骨粗鬆症《こつそしょうしょう》のために車椅子になりました。母は「車椅子で外を歩くなんてどれだけ恥ずかしいことか、あなたたちにはわからないでしょう」とか、「車椅子で外に出るのはみっともないから嫌だわ」とよく言っていました。

「みっともない」という言葉に私も妹もまっすぐに反応してしまい、「何がみっともないの？　車椅子でも外の空気を吸ったほうがはるかにいいじゃない。そうやって家の中ばかりにいると、どんどん体調が悪くなるわよ」と、考えようによっては脅しのようなことを言ってしまったのです。

母が亡くなってからたくさんのメモ用紙が出てきて、そこに「車椅子で外に出ろ、頑張れと娘たちは言うけれど、私はそんなみっともないことはできない。それはとても惨《みじ》めだ」と書いてありました。

みっともないから嫌だという、なんだか体面だけを気にするような言葉の後ろに、惨めであるという深い悲しみの感情が隠れていることを私も妹もついに傾聴できず、感情移入できず、したがって、「頑張って」というまったく通り一遍で、ときにはそれが叱責《しっせき》の鞭《むち》のように響《ひび》く厳しい言葉を使ってしまったのでした。

相手は支配できない

「君のためだから、今苦労しておきたまえ」

「君のためだから、ベトナムとミャンマーの出張を引き受けておいたほうがいいよ」

というふうに、話の中に「君のため」という言葉が出てくる相手は曲者《くせもの》です。それは「君のため」と言いながら、実は自分の都合であることが多く、相手を支配したい、言うことを聞かせたい、自分の支配下に置きたいという支配欲求の塊の心があるからです。

これは、話をすることで相手を支配しようとしていることになります。上司自身が、さらにその上司から「君にはきっとこんなことができないだろう」と思われていると感じて、無理やりに何かを引き受けてしまい、自分一人ではできないので部下たちに手伝ってもらうときなどに、よくこの言葉を使います。

「まあ、これは君のためだからやっておいたほうがいい」、あるいは「わが社のためだから、一つ頑張るのが筋じゃないの？」という具合です。

しかし、人を支配したいというこのような下心は、見る人から見れば明らかに感じ取られてしまうものです。そしていったん「自分のことを大切に思っているわけではなく、自分を都合よく使おうとしているのだ」と相手が思ってしまったら最後、もう絶対に両者のあいだに信頼関係は戻ってきません。だから、こんなふうに自分の下心を心の中に隠した物の言い方をしないほうが信頼関係が作れます。

「僕は今、こういう仕事を抱えている。それを君にやってほしいと思っている。でも、君が無理だと思うのならば、率直に言ってほしい。その場合、どうしたらいいかは僕も考えるけれど、君もアイディアを出してね」

こう言われたら、「君のためだからやっておけ」とオブラートに包んで支配されるよりも、ずっと部下として信頼されているという感じがして頑張ることができます。

もっともこれは家庭の主婦がよく使うお願い文の特徴で、別の欲求を隠すためのオブラート話法です。たとえば私のセミナーに長く通っていたOさんは、子供二人を抱えていたのですが、本当は夫との仲が悪く、心の底から夫を嫌い、離婚したいと思っていました。でも、小学校一年生と六年生の二人の子供には、いつもこのように言っていたのです。

「あなたたち二人のためだから、お母さんは離婚しないわ」

彼女は子供たちには、自分たちのためにお母さんは一生懸命犠牲になっている、と理解してくれていると思っていました。

ところが、ある日、六年生の長女に言われたのです。「お母さん、私たちのためなんて嘘じゃない？　本当は離婚したらどうやって生活していいかわからないから、ただ我慢してるだけでしょう？　離婚する勇気がないということでしょう？　もしも私たちのためっていうならば、離婚したっていいよ。みんなで家事を手伝うから」。

これを聞いてOさんは本当に心から涙がポロポロとこぼれ、初めて正直に「そのとおりよ。お母さんはあなたたちのためというよりは、離婚したあとどうやって暮らしたらいいかわからないから、今我慢してるのよ」と正直なところを伝えたそうです。

以来、子供たちはとても協力的になりましたし、そんな三人の団結ぶりを見て、夫も少しずつ家事を手伝ったり、三人の気持ちを理解しようとするようになりました。よい結果になったのです。相手を支配しようと思ったり、何らかの別の欲求を隠して核心と違う話をすることはやめておきましょう。そういう言い方は、結局相手の心に響かないのです。

「わからない」も誠意ある答え

人の話を聞いているときに、相手の話には専門語が多く、自分にはそれがわからないときがあります。話し手が経験豊かで、聞いているほうは経験が足りないという経験不足の壁や、起きている事柄についての背景知識が足りないという知識の壁もあります。こんなとき、そのわからないということを早めに言葉に出したり顔に出したりして「わかっていません」というサインを送らないと、相手はどんどん話を続けてしまいます。

極端な場合は、「ご存知のように」とか「君も知ってるように」などと三回も言われたのに、チャンスを逃して途中で「知らない」とは言えず、ずっと黙っていた。結果、話はどんどん進み、「さて君はどう思う?」と言われて、どうしようもないという羽目になります。

もっとまずいのは、「ご存知のように」とか「君も知ってるとおり」と言われたときに、そのような顔をしなければいけないと思って、知っている顔をしたり、適当に「ですよね」などと相槌を打ったりしてしまうと、もう手遅れで、絶体絶命となってから「実は最初から何もわからなかった」とは言うわけにはいかないのです。途中で、「すみません、ちょっとそこがわからないのです。違う言い方で教えていただけますか」と言葉を挟むのが一番誠意のあるやり方です。

でも、そのチャンスを逃し、ついに不幸なことに最後まで話が行ってしまったとしたら、「困りました。一生懸命考えたのですけれども、僕の能力を超えているような気がするのです」

こうやって自分の気持ちを率直に話してしまいましょう。そのほうが知ったかぶりをするよりも、よほど相手から信頼されます。

問題の否定を人格否定にしない

会社の仕事でも会社以外の人間関係でも、困った問題、解決しにくい問題、深刻な対立などはいくらでもあることです。そのときに、その問題自体をもう一度言葉で整理し、さてそれを解決するにはどのようにしたらいいのかという具体的な解決方法を考え、その方法を実行したら多分こういう結果になるだろうという結果の仮説を話せば、話は合理的に進んでいきます。ところが、何かの問題を聞いたとき、その問題を起こした本人を責め始める人がいます。

たとえば私が所属しているある団体のSさんが、会社の仕事として二百万円のホームページのオーダーをしました。それは彼が自分で二百万円と決めたのではなく、たまたま親しい人から紹介されたウェブデザイナーが、「二百万円あれば素晴らしいページができ、かつ、のちのメンテナンスにも一ヵ月に一回ぐらいは顔を出すことができる」という話をしたからでした。しかも、そのデザイナーは、彼が本当に親しい人の親戚筋にもあたるというので、Sさんはすっかり安心してしまったわけです。

ところが、できてきたホームページは、どう見ても四十万円から五十万円もあれば十分作れるものでした。しかも、「一ヵ月に一回メンテナンスします」と言ったのは、実際に彼が来て、そこで使った時間については時間換算して別に料金がかかるということだったのです。だから、会社に対してはずいぶん損をさせたということになります。

そのSさんのことを上司がこう叱りました。

「だから、おまえはダメなんだ。まったく経済観念がない。浅はかだから困るんだ。あいみつ（相見積もり）ぐらい取ったらよかっただろう」

この叱責に対してSさんは、心の中でなるほどそうだと思ったのは「あいみつを取れ」という最後の一言だけだったというのです。あとの「浅はか」だとか「だから、おまえはダメだ」ということは、このこと一つについてダメなだけであって、自分の全人格を否定することはないだろうと非常に悔しかったというのです。「どうもそのことがあって以来、上司が自分を信頼してないように感じるし、自分もその上司のもとで熱心に働く気がしない」と相談に来たのでした。

彼はたしかにあいみつを取るべきだったでしょう。しかし、上司の言い方には間違いがあります。問題そのことと問題を起こした人間を分けて考えるというパフォーマンス学での大原則を守っていないことです。相手の話をよく聞いて、鋭く訊いてから話すという本著の大原則を上司が守れば、Sさんはこのときの損失差額の百万や二百万円はいつだって一生懸命に働いて、その三倍も十倍もの利益を会社にもたらすことができる有能な人間なのです。

どうしてそんな高いものを、どのような経緯で発注したのかと上司はまず訊くべきだったでしょう。そして、知人の親戚筋だということを聞いたら、「その親戚筋の人に頼まなければいけない理由はあるの？」と質問することもできたでしょう。「あいみつを取ったの？」と訊くこともできたでしょう。そして、最後の一言は、

「次回からあいみつを取ってよ」

でいいのです。人格否定までする必要はまったくなかったのです。

理性の判断にハートの声を添えよ

私たちが相手の話を聞き、その話の意味を理解し、その話の中に自分にとって何か生産的に採用するものがあるのか、それとも今その話は忘れてしまったほうがいいのかと判断するときには、絶対的に理性（reason）の働きが必要です。

人の話を感情だけで聞いて、「この人は嫌いだから、話もいい加減に聞いておこう」と思ったり、「この人は大好きだから、何でもいいから聞いてしまえ」というのでは、仕事を進めるうえでの話の聞き方としてはリスクが高すぎます。話を聞くときに理性で判断する。そのことはまったく文句なく必要なことなのです。

ただ、理性で判断したことだけで相手に話しかけようとすると、それはたいがい失敗します。たとえば、「この相手はもっと頑張るべきだ」と理性で判断したとしましょう。なぜならば、彼はまだほかの人の九五パーセントの仕事しかしていないから、残り五パーセントは頑張れるはずだというわけです。しかし、それだけで相手に物を言ってしまうと、相手との本当の信頼関係は作ることができません。

そこで、心情（heart）で話すことが必要になってくるのです。

「君はまだ、あと少し努力できると思うけれど、今の環境だとちょっと厳しいものがあるよね。何とかその環境を変えられるように僕も努力してみる。一緒に頑張ろうじゃないか」

こう言われて頑張らない人がどこにいるでしょうか。人間と人間が織りなす相互作用は、理性だけででき上がりません。理性（reason）の判断に心情（heart）の声を添えることが人間の相互作用にはどうしても必要なのです。

ヨーロッパの知識人に多大な影響を与えた一人として数えられる生物学者ルコント・デュ・ヌイは、その名著『人間の運命』の中で、

「理性（reason）の判断に心情（heart）の声を添えてこそ人間らしい」

と説きました。相手の話を聞くときに、相手のバックグラウンドに関する情報を集めるとか、相手の話している言語の理解ができるといった理性の判断は必ず必要です。しかし、本当のことは言葉で語られていない。その本当のこととは、本当の感情、気持ちなのです。その語られていない感情や気持ちを理解したときに、自分もまた語られていない感情と気持ちに直接訴えることができます。心情のこもった声で、

「大変だったね。そのことについては十分わかるよ。それじゃあ、次はこうしてみようか」

という言い方をしてみませんか。理性がないと仕事はできない。しかし、心情がないと人を動かすことはできません。

本著でここまであなたと一緒にたどってきた内容は、十分に相手の心を聞いて訊いて、その上に立って話すと、はじめて相手が心から納得して実際に動きだす、心理学では「態度変容」と呼ばれる両者の相互作用の仕組みについての基本原則でした。

第一に、相手の言葉の裏の感情を受け止めて真意を聞く感情移入の力。

第二に、自分の感情に振り回されずに、徹底的に相手に無条件の関心を持って自己コントロールをかけて聞いていく自分の感情コントロールの力。

第三に、聞いた中から問題点を解決するために必要なことを聞き分けて質問していく力。

第四に、そのような力を発揮して話す力。

これらの重要性と、その具体的なやり方をあなたはきっと順を追ってよく理解してくださったことでしょう。

おわりに――「察しのいい人」の時代

経済も政治もめまぐるしく変化するグローバル化の時代、私たちの多くは相手と話をしながら、いくつかの選択と決断を素早く行うことを迫られています。

そのような激動の時代のビジネスは、誰だってできることならば、きちんとした「傾聴力」を持った人と組みたい、つまり本著でお伝えしたような相手への感情移入と自分の感情コントロールのできる人、質問も的を射ている手際の良い人と組みたい、と内心思っているに違いありません。

「その人」は「一を聞いて十を知り」、言葉にならないこちらの意図までもきちんと読み取ってくれる人、人呼んでこれを「察しのいい人」と称します。ビジネスでも人間関係でも成功する、万事においてモテる人です。

多くの人が本著を読んでくだされば、巷にはきっと「察しのいい人」が溢れることでしょう。いつかそんな皆様に街中でばったりお会いしたら、私は何をお話ししましょうか。考えてみると、大変恐ろしくもあり、大きな楽しみでもあります。

二〇一三年二月二〇日　佐藤綾子

【関係諸団体とその連絡先】

①「佐藤綾子のパフォーマンス学講座®」

（内閣府認可・一般社団法人パフォーマンス教育協会 後援団体）

［連絡先］国際パフォーマンス研究所
〒156-0045　東京都世田谷区桜上水4-18-26
Tel: 03-5357-3855　Fax: 03-3290-0590
ホームページ http://www.spis.co.jp/seminar/
E-mail: information@spis.co.jp

1994年4月創立。長年の歴史と高い評価を誇る「自己表現能力向上」のためのセミナーです。1年間の本科コースを経て、公認「ピア・パフォーマンスカウンセラー」資格の取得可能。さらに1年間の専科コースを経て、一般社団法人パフォーマンス教育協会（内閣府認可）認定「パフォーマンスインストラクター」資格の取得可能。2013年現在、隔週土曜日の通年講座を常設セミナールーム（桜上水）にて開講中です（随時入学可能）。講座1コマを聴講できる体験入学制度（お一人様1回限り）もございます。ご希望の方には、入学案内書をお送りいたします。

②「一般社団法人パフォーマンス教育協会（国際パフォーマンス学会）」

［連絡先］一般社団法人パフォーマンス教育協会
（国際パフォーマンス研究所内）
Tel: 03-5357-3858　Fax: 03-3290-0590
ホームページ http://www.ipef.jp/
E-mail: ipef@spis.co.jp

1992年10月設立。日本初の「産学協同体制」の学会です。コンベンション・セミナー・ワークショップ等を行っています。会員には、機関誌・ニューズレターをお届けしております。ご希望の方には、入会案内書をお送りいたします。

佐藤綾子

博士(パフォーマンス心理学)、日本大学芸術学部教授、(社)パフォーマンス教育協会(国際パフォーマンス学会)理事長、(株)国際パフォーマンス研究所代表、「佐藤綾子のパフォーマンス学講座®」主宰。

信州大学教育学部、上智大学大学院、ニューヨーク大学大学院パフォーマンス研究学科修士課程卒業(共にMA取得)。上智大学大学院博士後期課程満期修了。立正大学大学院心理専攻(Ph.D.)。

1980年、日本初の「日常生活における自己表現」のサイエンス「パフォーマンス学」を開始。自己表現教育の第一人者として、首相・議員・ビジネスリーダーをはじめ、社会人研修に定評がある。

『自分をどう表現するか —パフォーマンス学入門』(講談社現代新書)、『エグゼクティブの「クギを刺す」技術』(すばる舎)、『医師のためのパフォーマンス学入門 —患者の信頼を得るコミュニケーションの極意』(日経BP)ほか、医療・政治・ビジネス・教育におけるパフォーマンス学の著書全173冊。

講談社+α新書 615-1 A

「察《さっ》しのいい人《ひと》」と言《い》われる人《ひと》は、みんな「傾聴力《けいちょうりょく》」をもっている

佐《さ》藤《とう》綾《あや》子《こ》 ©Ayako Sato 2013

2013年4月22日第1刷発行

発行者——鈴木 哲
発行所——株式会社 講談社
東京都文京区音羽2-12-21 〒112-8001
電話 出版部(03)5395-3532
販売部(03)5395-5817
業務部(03)5395-3615
デザイン——鈴木成一デザイン室
カバー印刷——共同印刷株式会社
印刷——慶昌堂印刷株式会社
製本——株式会社若林製本工場
データ制作——朝日メディアインターナショナル株式会社

定価はカバーに表示してあります。

落丁本・乱丁本は購入書店名を明記のうえ、小社業務部あてにお送りください。

送料は小社負担にてお取り替えします。

なお、この本の内容についてのお問い合わせは生活文化第三出版部あてにお願いいたします。

Printed in Japan
ISBN978-4-06-272801-0